Skorpion

Skorpion

24. Oktober–22. November

Autoren: Alfred P. Zeller und Vera Baschlakow
Gesamtherstellung: Naumann & Göbel Verlagsgesellschaft mbH, Köln

ISBN 978-3-625-11717-9

Inhalt

Tierkreiszeichen auf einer persischen Schale
Entstanden um 1563

Vorwort

In diesem Buch werden Sie auf astrologischer Grundlage viel über sich erfahren. Manches davon haben Sie vielleicht schon gewusst oder zumindest geahnt. Sehr viel mehr jedoch wird für Sie völlig neu sein, wird Ihnen überraschende Erkenntnisse über Fähigkeiten und Kräfte vermitteln, die in Ihnen schlummern. Dadurch können sich Ihnen bislang ungeahnte Möglichkeiten für eine befriedigendere und erfolgreichere Gestaltung Ihres Lebens eröffnen. Aber auch über Ihre Schwächen und Mängel erhalten Sie hier Auskunft, und das ist für Sie fast ebenso wichtig: Nur wenn Sie Ihre Fehler erkennen, können Sie dagegen ankämpfen und dadurch erreichen, dass Ihnen weniger misslingt und das Zusammenleben mit den Mitmenschen reibungsloser und erfreulicher wird.

Astrologie ist weder eine verstaubte Geheimwissenschaft noch eine fragwürdige Zukunftsdeutelei, und erst recht ist sie kein bequemer Vorwand, sich mit dem Hinweis auf einen angeblichen »Schicksalszwang« der Gestirne persönlicher Verantwortung zu entziehen. Vielmehr ist sie die älteste, auf jahrtausendelanger Beobachtung und Bezugsetzung kosmischen und irdischen Geschehens gründende Erfahrungswissenschaft der Menschheit, mit der sich zu allen Zeiten die fortschrittlichsten Geister ihrer Zeit befasst haben. Um die Zeitenwende der Universalgelehrte Ptolemäus ebenso wie an der Schwelle zur Neuzeit der große Arzt Paracelsus, der Humanist Melanchthon und die Begründer der modernen Astronomie und Naturwissenschaft: Kopernikus, Galilei und Kepler. Auch in Goethes Werken ist viel astrologisches Gedankengut lebendig. Astrologie geht von der Erkenntnis aus, dass der Mensch kein isoliertes, abgekapseltes Lebewesen ist, sondern eingebettet ist in ein soziales, geografisches und kosmisches Umfeld, in ein Geflecht von subtilen Beziehungen, die ihn vielfach prägen und beeinflussen. Kosmische »Uhren« steuern alle Lebensvorgänge auf der Erde, kosmisches Geschehen bewirkt den Wechsel von Tag und Nacht, den Ablauf der Jahreszeiten, die Folge von Ebbe und Flut. Alle grundlegenden Lebensvorgänge sind in der Natur im Ganzen oder im Einzelnen kosmisch geprägt und geregelt. Dass dabei auch Strahlungen, die aus dem Weltall zu uns gelangen, eine bedeutsame Rolle spielen, hat man erst in jüngster Zeit entdeckt oder besser gesagt wieder entdeckt, denn unsere Vorfahren haben das schon vor Jahrtausenden intuitiv geahnt.

Kosmisch geprägt wird allerdings nicht eine leere Form, sondern ein individuelles Lebewesen, das von seinen Eltern genetisch verankerte Erbanlagen mitbekommen hat. Wie die genetischen und kosmischen Anlagen verwirklicht werden können, hängt wesentlich vom Umfeld ab, in dem sich das Leben entfaltet. Deshalb reicht ein Horoskop allein nicht aus, um einen Menschen in seiner ganzen Vielfalt zu erfassen und seinen Lebensweg zu erklären.

Seriöse Astrologie bezieht in die Horoskopdeutung stets auch den Horoskopeigner selbst und sein soziales Umfeld mit ein. Astrologie zeichnet keine Zwangsläufigkeiten vor, sie will und kann keine persönlichen Entscheidungen abnehmen oder aufdrängen, sondern vielmehr dem Menschen durch das Aufzeigen seiner Möglichkeiten und Grenzen helfen, die richtigen Entscheidungen zu treffen, will ihm so eine praktische Lebenshilfe sein.

Dieses Buch ermöglicht es Ihnen, zu entdecken, welche Wesenszüge und Fähigkeiten die kosmische Prägung Ihnen gegeben hat, weist Sie auf Ihre Stärken und Entwicklungsmöglichkeiten, aber auch auf Ihre Schwächen und Gefährdungen hin. Das im ersten Teil gezeichnete Bild beruht auf den beiden wichtigsten Gegebenheiten des Geburtshoroskops, dem Sonnenzeichen und dem Aszendenten, und wird vertieft durch die Aussagen der chinesischen und indianischen Astrologie sowie des keltischen Baum-Horoskops.

Ihr Sonnenzeichen ist das Sternbild, in dem am Tag Ihrer Geburt die Sonne stand; es ist der wichtigste kosmische Prägefaktor. Um eine genauere Differenzierung zu erreichen, teilt man von alters her jedes Tierkreiszeichen in drei Dekaden ein: In der ersten Dekade ist noch ein sich abschwächender Einfluss des vorangehenden Sonnenzeichens wirksam, in der dritten Dekade ein zunehmender Einfluss des folgenden Sonnenzeichens, während sich in der zweiten Dekade die benachbarten Sonnenzeichen nicht auswirken. Dementsprechend ist der Abschnitt »Wer bin ich?« (ab Seite 15) in drei Dekaden gegliedert, sodass Sie je nach Geburtstag die für Sie zutreffende Aussage finden können.

Bedeutsam ist auch ein zweiter kosmischer Prägefaktor, der Aszendent. Darunter versteht man das Tierkreiszeichen, das im Augenblick Ihrer Geburt am östlichen Horizont stand. Der Aszendent verstärkt, schwächt oder variiert die Prägung durch das Sonnenzeichen, weshalb wir ab Seite 80 näher darauf eingehen. Wie Sie Ihren Aszendenten finden, können Sie ab Seite 120 nachlesen.

Während das indianische Horoskop mit seiner Zwölfteilung unserem abendländischen Horoskop entspricht, weichen das chinesische und das keltische Horoskop davon ab. Deshalb finden Sie in den entsprechenden Abschnitten je nach Ihrem Geburtsdatum differenzierte Aussagen, durch welche Ihre individuellen Gegebenheiten genauer eingegrenzt werden.

Verlag und Autor

Messahalah, Der Astronom, 1504

Meine kosmische Prägung

Mein Tierkreiszeichen und Planet

Ihr Tierkreiszeichen ist Skorpion, Ihr Planet Mars.

Skorpion ist ein fixes Wasserzeichen mit Minus-Polarität. Fix oder veränderlich nennt man die auf die kardinalen Zeichen folgenden Tierkreiszeichen mittlerer Intensität, deren Kraft in die Tiefe strebt. Daraus ergeben sich Beständigkeit, Überlegtheit, Ausdauer, Geduld, Zuverlässigkeit, Hartnäckigkeit aber auch ein Mangel an Dynamik und Entschlussfreude, wenig Flexibilität, übertriebener Konservativismus, eine Neigung zu Rechthaberei und Starrsinn. Als dem Element Wasser zugeordnetes Zeichen steht Skorpion für passives Tun (Leitwort »Einsicht«), Streben nach Abkapselung von der Umwelt. Die dadurch bestimmten Haupteigenschaften sind Gefühlsstärke, Intuition, Fantasie, Empfindsamkeit, aber auch Labilität und Passivität. Die Polarität gibt die Wirkrichtung eines Zeichens an. Positive Zeichen wirken von innen nach außen, negative Zeichen von außen nach innen. Skorpion ist ein Zeichen mit Minus-Polarität, also ein »passives« Zeichen, das auf eine introvertierte Grundeinstellung hinweist, eine Haltung, die Menschen und Ereignisse auf sich zukommen lässt.

Die astrologischen Grundqualitäten des Herbstzeichens Skorpion lassen sich unter dem Kennwort »verinnerlichende Weltergreifung« zusammenfassen. Im Einzelnen symbolisiert das Zeichen starke Wendung nach innen, Gefühlskraft, starken Willen, Hartnäckigkeit, Verzichtfähigkeit und eine Tendenz zur Abkapselung, allerdings mit der Gefahr überstarker Ichbezogenheit, mangelnder Entschlussfreude und Starrsinnigkeit. Besonders stark ist die Prägekraft des Zeichens, wenn in ihm nicht nur zum Zeitpunkt der Geburt die Sonne gestanden hat, sondern auch der Aszendent in ihm liegt.

Der Mars auf einem Wagen, dessen Räder die Domizile Widder und Skorpion repräsentieren. Holzschnitt von Hans Sebald Beham 1530/40

Jedem Tierkreiszeichen ist der Planet zugeordnet, dessen Prinzip ihm am vollkommensten entspricht; den jeweiligen Planeten bezeichnet man als »Planetenherrscher«. Im Zeichen Skorpion »herrscht« Mars, dessen energetisches Prinzip die Tatkraft ist. Er gilt als männlichster aller Planeten, der Leidenschaft, Leistungsbereitschaft und Willenskraft symbolisiert, im Negativen freilich auch Unbedachtsamkeit, ichbezogene Unduldsamkeit und mangelnde Beständigkeit.

Wenn in Ihrem persönlichen Horoskop der Mars in Ihrem Sonnenzeichen Skorpion steht, verstärkt er entsprechend den nachfolgend genannten Mars-Eigenschaften gleichgerichtete Prägekräfte Ihres Tierkreiszeichens und bestimmt wesentlich die »Grundqualität« Ihres Horoskops.

Positive Mars-Eigenschaften sind: Rasch entschlossene Umsetzung der Willenskraft in die Tat, praktisches Denken, Zielstrebigkeit, auf Anerkennung und Auszeichnung bedachter Fleiß, Mut und Selbstsicherheit, intensive Leidenschaftlichkeit, entschiedenes Auftreten, suggestive Darstellungskraft, Organisationstalent, Führungsqualitäten, rastloser kämpferischer Einsatz.

Negative Mars-Eigenschaften sind: Aggressivität, Unbedachtsamkeit, zerstörerisches Anrennen gegen Hindernisse, Machtgier, Unbeherrschtheit, verwegene Anmaßung, schroffe Rücksichtslosigkeit, Widerspruchsgeist, explosive Hitzigkeit, rechthaberischer Eigensinn, Kampf um des Kampfes willen, Auflehnung, Überschätzung der eigenen Kräfte und Fähigkeiten, mangelnde Sozialbindung.

Seit alters gibt es für die Tierkreiszeichen und Planeten symbolische Bezugsetzungen, die freilich für die heutige Individualhoroskopie keine große Bedeutung mehr haben. Immerhin interessieren sich noch viele Menschen dafür. Hier also Ihre Symbolbezüge:

- Ihr Element ist das Wasser.
- Ihre Farben sind Rot, Braun und Schwarz.
- Ihr Temperament ist das melancholische.

- Ihr Metall ist das Eisen.
- Ihre Edelsteine sind Topas, Malachit, Jaspis, Rubin, Sardonyx und Magnetstein.
- Ihr Wochentag ist der Dienstag.
- Ihre Tiere sind Wolf, alle Raubkatzen (besonders Tiger, Panther, Leopard), Skorpion, Schlange, Hyäne, stechende Insekten sowie Tiere mit Krallen.
- Ihre Pflanzen sind Stechpalme, Dornsträucher, Brennnessel, Distel, Nadelbäume (besonders die Fichte), Zwiebel, Knoblauch, Rettich und ganz allgemein alles Stechende, Brennende, Bittere und Scharfe.
- Ihre Zahl ist die Neun.

Wer bin ich?

Aus dem Sonnenstand am Tag Ihrer Geburt lassen sich grundsätzliche Aussagen ableiten, die freilich auf Ihren Aszendenten (siehe Seite 80 und dritter Teil dieses Buches) abgestimmt werden sollten. Über die Einteilung jedes Tierkreiszeichens in drei Dekaden informiert Sie das Vorwort auf Seite 7. Je nachdem, ob Sie in der ersten, zweiten oder dritten Dekade geboren sind, wirken sich verschiedene »typische« Prägekräfte Ihres Sonnenzeichens in unterschiedlicher Weise auf Sie aus.

Sterndeuter
Aus einem Planetenbuch von 1596

1. Dekade vom 24.10. bis zum 02.11.

Ihr Wesen: gefühlsorientiert, aber willensbetont, introvertiert, konzentriert, energisch

Ihr Auftreten: zurückhaltend, aber selbstbewusst, zielstrebig, geradlinig, jedoch schwer durchschaubar, manchmal herrisch, ungeduldig

Ihr Wünschen: konzentriert, ehrgeizig, ausdauernd, in die Tiefe strebend, konstant, manchmal stark ichbezogen, besitzergreifend und wenig rücksichtsvoll

Ihr Denken: gründlich, forschend, scharfsinnig, abwägend, konservativ, oft wenig flexibel

Ihr Handeln: entschlossen, beständig, mutig, kraftvoll, gründlich, ausdauernd, unnachgiebig, zuverlässig, manchmal unberechenbar und waghalsig

Ihr Ausdruck: verhalten, eigenwillig, bestimmt, manchmal verletzend direkt

Ihr Fühlen: tiefgründig, nach außen eher zurückhaltend, aber oft von leidenschaftlicher innerer Dynamik, intensiv, manchmal triebhaft und extrem

Als Skorpion-Geborener sind Sie ein vorwiegend introvertierter, also nach innen gewandter Mensch. Sie sind zurückhaltend und vorsichtig, gehen selten spontan aus sich heraus und warten zunächst einmal kritisch beobachtend ab, ehe Sie aktiv werden. Häufig fällt es Ihnen schwer, neue Kontakte zu knüpfen oder Freundschaften zu schließen, denn ein angeborenes Misstrauen hält Sie innerlich auf Distanz, bis Sie Ihr Gegenüber unter die Lupe genommen und sich ein Urteil gebildet haben, bei dem häufig weniger Ihr wacher

Verstand als Ihr intuitives Gespür maßgebend ist. Gemildert sein kann diese Zurückhaltung, wenn Sie ganz am Anfang der Skorpion-Dekade geboren sind, denn in diesem Fall wirkt sich meist noch der Einfluss des Nachbarzeichens Waage aus, der Ihnen mehr Kontaktbereitschaft verleiht, ohne die innere »Sperre« völlig abzubauen. Wenn Sie aber erst einmal einen Menschen akzeptiert haben, sei es ein Partner, Freund oder Kollege, erweisen Sie sich als zuverlässig, ungemein hilfsbereit und treu. Allerdings hat diese Hinwendung meist ihren Preis: Sie erheben Ausschließlichkeitsansprüche, fordern Ihrerseits vom anderen vollkommene Hingabe, versuchen eifersüchtig, die Stabilität der Beziehung dadurch zu sichern, dass Sie sich nach außen mehr oder minder abkapseln. Zwar tun Sie viel, um die Bindung zu stärken, sind notfalls zu großen Opfern bereit und setzen sich selbstlos für den Partner ein, aber dass die Bindung für diesen zu einengenden Fesseln werden kann, in der ihm keinerlei persönliche Freiräume mehr bleiben, können Sie nicht einsehen. Wenn der andere schließlich frustriert die Flucht ergreift, reagieren Sie meist mit verständnisloser Enttäuschung und Wut. Sie sollten einsehen, dass ohne ein Mindestmaß an persönlicher Freiheit für beide Partner keine zwischenmenschliche Beziehung auf Dauer haltbar und befriedigend sein kann.

Sie sind zwar ein vorwiegend gefühlsorientierter Mensch, doch kennzeichnend für Sie sind ein wacher Verstand und vor allem ein außergewöhnlich starker Wille, dem ein sehr großes Energiepotenzial zur Verfügung steht. Deshalb sind Sie bei aller vorsichtigen

Verhaltenheit ungemein leidenschaftlich, und das nicht nur auf sexuellem Gebiet, was man den Skorpion-Geborenen ja oft nachsagt, sondern in allen Lebensbereichen. Häufig sind Sie sehr triebstark, aber das ist nur ein Aspekt Ihrer willensstarken Leidenschaftlichkeit: Mit der gleichen Intensität nehmen Sie sich Ihrer Aufgaben an, setzen Sie sich für Vorhaben und Ideen ein, engagieren Sie sich für einen Menschen oder eine Gemeinschaft, die Sie akzeptiert haben. Wenn Sie erst einmal in Fahrt gekommen sind, kennen Sie kein laues Mittelmaß: Was Sie tun, tun Sie ganz; Sie leben, arbeiten und lieben mit einer konzentrierten Eindringlichkeit, die vielen anderen fremd ist. Sie wollen das Leben in all seinen Höhen und Tiefen ausschöpfen, und das keineswegs nur im Genuss. Sie stellen hohe Anforderungen an andere, in erster Linie jedoch auch an sich selbst. Wenn diesen Anforderungen nicht genügt wird, reagieren Sie mit Ungeduld und meist auch mit Härte – und das wiederum auch sich selbst gegenüber. Selbstschonung gibt es für Sie nicht, auch wenn Sie dabei oft bedenklich nahe an die Grenzen dessen kommen, was Sie verkraften können.

Nach außen wirken Sie meist gelassen und selbstsicher, und das ist keineswegs eine bloße Schau: Sicherheit verleiht Ihnen das Bewusstsein, dank Ihres hohen Energiepotenzials große Kräfte mobilisieren und mit zäher Ausdauer einsetzen zu können. Sie sind ehrgeizig, leistungsbewusst und zielorientiert. Hindernisse und Schwierigkeiten wecken Ihre Willenskräfte, Probleme und Gefahren fordern Sie heraus. Ziele steuern

Sie geradlinig an; diplomatisches Taktieren und Lavieren ist selten Ihre Stärke. Wenn es um für Sie wichtige Dinge geht, können Sie bei der Verfolgung Ihrer Pläne reichlich rücksichtslos sein, doch zu Hinterlist und Tücke greifen Sie nur, wenn Sie ein unreifer Skorpion-Geborener sind. Ansonsten räumen Sie mit energischem Krafteinsatz weg, was Ihnen im Weg steht. Das können auch Menschen sein, die Sie zu behindern versuchen: Sie werden beiseite geschoben oder schlichtweg übergangen. Weniger glimpflich kommt davon, wer Ihren persönlichen Stolz verletzt, denn Beleidigungen oder bewusste Zurücksetzungen vergeben und vergessen Sie nie. Wer Ihre Ehre antastet, hat jeden Grund, Ihren gefürchteten »Stachel« zu fürchten, Ihre unnachgiebige Rachsucht. Diese kann Sie zu keineswegs immer fairen Gegenmaßnahmen treiben, die darauf abzielen, den Widersacher zu beschädigen, seine Position zu untergraben oder ihn seinerseits herabzuwürdigen, doch kann es auch geschehen, dass Sie Ihre übliche Zurückhaltung aufgeben und Ihren Gegner in hemmungsloser Wut regelrecht zerschmettern, was freilich keineswegs durch Handgreiflichkeiten erfolgen muss. Wer Sie zum Feind hat, sollte sich vorsehen!

Sie wissen in der Regel recht genau, was Sie wollen, haben Ihre festen Meinungen und Standpunkte, zu denen Sie meist erst nach reiflicher Überlegung gefunden haben und die Sie hartnäckig verteidigen. Sehr flexibel sind Sie nicht; Sie lehnen es entschieden ab, Ihr Mäntelchen nach jedem Wind zu hängen. Ihre Beharrlichkeit hat allerdings häufig zu Folge, dass die von Ihnen bezogenen Positionen im Laufe der Zeit durch den Gang der Dinge überholt werden, sodass Ihre Ansichten und Prinzipien manchmal nicht nur konservativ, sondern regelrecht »angestaubt« sind. Ihnen dies klar zu machen, ist ungemein schwierig und bedarf nicht nur großer Überzeugungskraft sondern auch wohlfundierter Argumente. Für solche ist Ihr wacher Geist durchaus zugänglich. Zwar werden Sie nicht widerstandslos umschwenken, aber wenn Ihnen etwas einleuchtet, sind Sie nach etlichen »Rückzugsgefechten« schließlich doch bereit, es zu übernehmen. Ganz kampflos geben Sie selten eine Position auf.

Ihre Grundprägung zeigt sich aber auch in anderer Hinsicht. Oft sind Sie nicht sonderlich gesprächig, halten nichts von seichten, unverbindlichen Unterhaltungen, von subtanzlosem Geplauder. Einem anregenden, wissensreichen Gegenüber jedoch können Sie ein interessanter, ja faszinierender Gesprächspartner sein. Ihre Gefühlswelt hingegen schotten Sie fast völlig nach außen ab; Sie wollen sich nicht in die Tiefe Ihrer Seele schauen lassen. Nicht selten verleiht die Distanz, die Sie auf dieser Ebene wahren, Ihnen eine geheimnisvolle Aura, die auf andere eine große Faszination und Anziehungskraft ausüben kann. Sogar einem Partner, dem Sie durch leidenschaftliche Gefühle verbunden sind, öffnen Sie sich kaum je ganz und gar; es ist, als ob Sie auch ihm gegenüber Ihre wohlabgeschirmten Geheimnisse bräuchten. Achten Sie darauf, dass diese Verhaltenheit nicht in seelische Abkapselung oder unnötige Geheimniskrämerei ausartet!

So gut Sie Ihre eigenen Geheimnisse zu wahren wissen, so sorgfältig behüten Sie die Geheimnisse anderer, die man Ihnen anvertraut. Sie sind verschwiegen und zuverlässig – es sei denn, verletzter Stolz bringt Sie in Versuchung, Ihr Wissen als Waffe der Rache einzusetzen. Geheimnisse aller Art sind übrigens für Sie eine große Verlockung und Herausforderung, was nicht müßiger Neugier, sondern Ihrem angeborenen Forscherdrang zuzuschreiben ist: Sie wollen Dinge ergründen, hinter Oberflächen und Fassaden sehen, zum Wesenskern vordringen. Oft entwickeln Sie dabei einen kriminalistischen Spürsinn, wobei Ihnen Ihr intuitives Gespür zugute kommt. Vormachen lassen Sie sich kaum etwas.

Die auf die Prägung durch das Sonnenzeichen zurückgehenden Skorpion-Eigenschaften können je nach den Gegebenheiten des individuellen Horoskopes allerdings verändert oder übersteigert sein, sodass Anlagen, die an sich positiv sind, ins Negative umschlagen. Einige Übersteigerungsgefahren wurden bereits genannt. Gefühlsstärke kann zu zügelloser Triebhaftigkeit werden, Zurückhaltung zu Abkapselung, mutige Dynamik zu unbedachtem Draufgängertum, zähe Ausdauer zu hartnäckiger Sturheit, ehrgeizige Tatkraft zu rücksichtslosem Durchsetzungswillen, energisches Zupacken zu blindwütigem Losschlagen. Bei Ihnen sind eine selbstkritische Beobachtung und ein gezieltes Gegensteuern besonders wichtig, denn Sie sind ein Mensch, der kein Mittelmaß kennt, und angesichts der großen Intensität, die Ihr Fühlen, Denken und Tun auszeichnet, können sich Übersteigerungen Ihrer Eigenschaften ins Negative für Sie selbst und Ihre Umwelt verhängnisvoll auswirken. Nehmen Sie Mängel nicht als gegeben hin, sondern ergreifen Sie die Initiative: Mit Ihrer Willenskraft und Ihrem Energiepotenzial sind Sie durchaus imstande, erforderliche Korrekturen vorzunehmen. Stellen Sie jedoch in Ihrem Hang zu Extremen an sich selbst keine unerfüllbaren Ansprüche. Selbst mit Ihrem eisernen Willen werden Sie immer noch einige Schwächen und Fehler behalten – aber das ist schließlich menschlich.

2. Dekade vom 03.11. bis zum 12.11.

Ihr Wesen: gefühlsorientiert, vital, introvertiert, konzentriert, ehrgeizig

Ihr Auftreten: energisch, selbstsicher, zielstrebig, oft eher verhalten und schwer durchschaubar, manchmal anmaßend, herausfordernd

Ihr Wünschen: ehrgeizig, konzentriert, gründlich, hartnäckig, auf Durchsetzung bedacht, manchmal stark ich bezogen, besitzergreifend, herrschsüchtig

Ihr Denken: geradlinig, scharfsinnig, tiefgründig, überlegt, konservativ, vorsichtig, manchmal starrsinnig und kompromisslos

Ihr Handeln: energisch, zielsicher, konsequent, mutig, kraftvoll, ausdauernd manchmal unflexibel, waghalsig, unbeherrscht und rücksichtslos

Ihr Ausdruck: verhalten, selbstsicher, eigenwillig, fundiert, manchmal verletzend direkt

Ihr Fühlen: leidenschaftlich, aber nach außen oft verhalten, intensiv, loyal, opferbereit, aber auch triebhaft, besitzergreifend und rachsüchtig

Bestimmend für Ihr ganzes Wesen ist das in der Regel außergewöhnlich große Energiepotenzial, das Ihnen die kosmische Prägung durch Ihr Sonnenzeichen gegeben hat. Dadurch ist Ihr Handeln und Fühlen von einer Intensität, die vielen anderen Menschen fremd ist. Sie begnügen sich in keinem Lebensbereich mit Mittelmaß und Halbheiten: Was Sie tun, das tun Sie ganz und gründlich. Sie geben sich mit dem oberflächlichen Augenschein nicht zufrieden, sondern wollen den Dingen auf den Grund gehen. Sie sind ein scharfer Beobachter, dem nicht nur ein wacher Geist, sondern auch ein intuitives Gespür zugute kommt. Rasche Urteile und Entschlüsse sind nicht Ihre Sache; geistig sind Sie meist nicht sonderlich beweglich, aber dafür gründlich. Ungeprüft nehmen Sie nichts hin. Aus diesem Grund sind spontane Impulshandlungen bei Ihnen verhältnismäßig selten, Sie wirken eher zurückhaltend, beherrscht und nicht übermäßig kontaktwillig. Was Sie tun und äußern, ist meist überlegt und wohlbedacht. Häufig sind Sie ein interessanter Gesprächspartner, dem freilich stets Tiefe vor Breite geht. Richtig in Fahrt kommen Sie nur mit einem ähnlich eingestellten Gegenüber; seichtes Gerede und höfliche Konversation betrachten Sie als Zeitverschwendung.

Tiefgründig ist auch Ihre Gefühlswelt. Sie tragen das Herz nicht auf der Zunge, halten sich mit Gefühlsäußerungen zurück, und das nicht nur gegenüber Fremden, sondern auch gegenüber nahestehenden Menschen. Sorgfältig schotten Sie die Tiefen Ihrer Seele ab, brauchen sogar in einer engen Bindung Ihren emotionalen Eigenbereich, versteckte Winkel Ihrer Seele, in die Sie niemanden hineinschauen lassen. Diese Gefühlsverhaltenheit kann Ihnen eine Aura des Geheimnisvollen verleihen, die Sie manchmal sogar bewusst pflegen, weil Sie wissen, dass sie besonders auf das andere Geschlecht eine starke Faszination ausüben kann. Hüten Sie sich jedoch vor einer allzu vollständigen Abkapselung, die Sie in eine emotionale Isolation führen und seelisch verarmen lassen würde. Eine weitere Gefahr der Zurückhaltung sind Gefühlsstauungen, die sich explosiv entladen; angesichts der Intensität Ihrer Gefühle können solche Ausbrüche, die Sie Ihre übliche Selbstkontrolle verlieren lassen, für Sie selbst, meist jedoch in erster Linie für Ihre Umgebung verheerende Auswirkungen haben.

Zu einem fundierten Gedankenaustausch mit einem anregenden Partner sind Sie gern bereit, aber weit schwerer fällt es Ihnen, engere Kontakte zu schließen. Es kann lange dauern, bis Sie jemanden als Freund oder gar als Partner akzeptieren, doch wenn Sie erst einmal eine Bindung eingegangen sind, erweisen Sie sich als loyal, zuverlässig, hilfsbereit und notfalls auch opferwillig. Viel liegt Ihnen an der Stabilität Ihrer Beziehungen. Sie sind bereit, sich auf den Partner zu konzentrieren, verlangen aber Ihrerseits von ihm eine totale Hingabe, pochen auf eine Ausschließlichkeit, die den anderen übermäßig einengen kann. Nicht nur in Herzensbindungen, sondern auch in Freundschaften können Sie ungemein eifersüchtig sein, übertragen nicht selten die Ihnen eigene Tendenz zur Abkapselung auf diese Zweisamkeit und sähen es am liebsten, wenn der andere seine zwischenmenschlichen Kontakte auf Sie beschränken würde. Nicht selten neigen Sie dazu, Ihre Bindungen als »goldenen Käfig« zu gestalten, die Sie großzügig und mit viel Bedacht auf das gemeinsame Wohlergehen auspolstern, um den anderen darin gleichsam gefangen zu halten. Das erträgt nicht jeder auf Dauer, doch wenn er dann ausbricht, reagieren Sie enttäuscht und manchmal sogar mit unverhohlener Wut oder mit einer lange nachwirkenden Rachsucht, die ebenso Ihrer Gefühlstiefe entspringt wie die Leidenschaftlichkeit, die Sie in engen Bindungen an den Tag legen; im Reich der Erotik gelten Skorpion-Geborene als besonders triebstark.

Nach außen wirken Sie in der Regel gelassen und selbstsicher, und das ist bei Ihnen keineswegs eine bloße Schau. Sicherheit verleiht Ihnen das Bewusstsein, dank Ihres hohen Energiepotenzials große Kräfte mobilisieren und mit ausdauernder Zähigkeit einsetzen zu können. Sie wissen meist recht genau, was Sie wollen, denn vorausschauende Planung gehört zu Ihren Lebensgrundsätzen, und was Sie sich in den Kopf gesetzt haben, erreichen Sie mit großer Wahrscheinlichkeit, denn Sie verfügen über eine große Willenskraft. Sie sind ehrgeizig, leistungsorientiert und zielbewusst. Kaum je werfen Sie schnell die Flinte ins Korn. Hindernisse und Schwierigkeiten, auf die Sie stoßen, stacheln Sie zu noch größerem Einsatz an; Probleme und Gefahren empfinden Sie als Herausforderung, an denen Sie Ihre Kräfte und Fähigkeiten messen und dadurch sich selbst bestätigen können. Öde Routine und alles, das allzu glatt läuft, interessieren Sie wenig. In ausgefahrenen Gleisen, in denen Ihnen nichts abgefordert wird, fühlen Sie sich nicht wohl. Stets gehen Sie den direkten Weg, den Sie freilich durch gründliche Vorprüfung und vorsichtige Berechnung bestmöglich abzusichern versuchen. Diplomatisches Taktieren und Finessieren liegt Ihnen wenig; rasche Ausweich- oder Wendemanöver erschwert meist Ihr Mangel an innerer Mobilität. Dieser zeigt sich auch in Ihren grundsätzlichen Einstellungen, die häufig recht konservativ sind, da Sie auf einmal eingenommenen Standpunkten lange beharren und sie zäh verteidigen, wenn sie infrage gestellt werden. Sie lehnen es ab, Ihr Mäntelchen nach jedem Wind zu hängen, laufen dadurch freilich manchmal Gefahr, in Ihren Ansichten und Positionen vom Gang der Dinge überholt zu werden. Immerhin sind Sie für wohlfundierte Argumente zugänglich und lassen sich schließlich von der Notwendigkeit eines Stellungswechsels überzeugen, doch meist führen Sie auch dann noch einige »Rückzugsgefechte«, denn ganz kampflos geben Sie keine Position auf.

Sie haben zwar viel Durchsetzungsvermögen und ziemlich harte Ellenbogen, doch ein rücksichtsloses Vorgehen ist bei Ihnen selten. Auf berechtigte Ansprüche anderer gehen Sie ein und lehnen es im Bewusstsein Ihrer Kräfte und Fähigkeiten ab, sich auf Kosten Ihrer Mitmenschen hochboxen zu wollen. Fairness gilt Ihnen viel, aber gerade deshalb reagieren Sie ungemein empfindlich, wenn man sich Ihnen gegenüber unfair verhält. Konkurrenzneid ist Ihnen fremd, doch wenn man Sie zu übervorteilen sucht oder Sie bei der Besetzung einer erstrebten Position ungerechterweise übergangen werden, erwacht in Ihnen eine Rachsucht, die für Ihren Widersacher gefährlich werden kann. Besonders hart schlagen Sie zurück, wenn Ihr Ehrgefühl verletzt wird: Absichtlich an Ihnen begangenes Unrecht oder gar eine Sie bloßstellende Schmach vergeben und vergessen Sie nie. Meist rächen Sie sich weder sofort noch offen, sondern Sie planen Ihren Gegenzug sorgfältig und treten erst dann in Aktion, wenn Ihr Gegenspieler es am wenigsten erwartet, um ihn desto sicherer zu schädigen, seine Position zu untergraben oder ihn zu Fall bringen zu können. Wenn es um Ihre Ehre oder um seelische Wunden geht, kennen Sie keine Rücksichtnahme. Der unerbittliche Skorpion-Stachel ist mit Recht gefürchtet.

Die Grundprägung durch das Sonnenzeichen Skorpion, wie sie auf diesen Seiten dargestellt wurde, kann natürlich durch andere Gegebenheiten des persönlichen Horoskops, aber auch durch die genetische Prägung und durch mancherlei Entwicklungsfaktoren abgeändert, geschwächt oder so übersteigert sein, dass Anlagen, die an sich positiv sind, ins Negative umschlagen. In solchen Fällen können beispielsweise Zurückhaltung zu Abkapselung, Leidenschaftlichkeit zu unbeherrschter Triebhaftigkeit, Ausdauer zu unnachgiebiger Verbissenheit, zielstrebiger Ehrgeiz zu rücksichtslosem Durchsetzungswillen oder energisches Zupacken zu blindwütigem Draufgängertum werden.

Angesichts der Ihnen eigenen Intensität ist es für Sie ungemein wichtig, auch über Ihre Unzulänglichkeiten und die daraus erwachsenden Gefahren Bescheid zu wissen, denn Sie sind, wie bereits gesagt, ein Mensch, der kein Mittelmaß kennt, der im Guten wie im Bösen zum Extrem tendieren kann. Andererseits jedoch sind Sie dank Ihrer außergewöhnlichen Willenskraft besser als die meisten anderen Menschen imstande, gegen erkannte Fehler anzugehen und nicht wünschenswerte Entwicklungen rechtzeitig zu unterbinden. Nehmen Sie sich Zeit für eine selbstkritische Bestandsaufnahme, und gehen Sie mit Ihrer üblichen Zielstrebigkeit daran, so an sich zu arbeiten, dass Ihre positiven Anlagen bestmöglich zur Entfaltung kommen und Negatives ausgemerzt wird. Ganz wird Ihnen dies freilich nicht gelingen: Einen Menschen ohne Fehl und Tadel gibt es nicht!

3. Dekade vom 13.11. bis zum 22.11.

Ihr Wesen: gefühlsorientiert, vital, introvertiert, konzentriert, willensstark

Ihr Auftreten: geradlinig, selbstbewusst, zurückhaltend, überlegt, manchmal schwer berechenbar, herrisch, ungeduldig, herausfordernd

Ihr Wünschen: konstant, zielstrebig, auf Durchsetzung bedacht, hartnäckig, manchmal stark ichbezogen, eigenwillig, besitzergreifend

Ihr Denken: scharfsinnig, gründlich, in die Tiefe strebend, abwägend, vorausschauend, manchmal konservativ und wenig flexibel

Ihr Handeln: willensstark, konsequent, zielsicher, gründlich, zuverlässig, manchmal ungeduldig, unbeugsam, unberechenbar und waghalsig

Ihr Ausdruck: verhalten, aber bestimmt, fundiert, selbstsicher, manchmal herausfordernd und verletzend

Ihr Fühlen: intensiv, aber im Ausdruck verhalten, in Bindungen leidenschaftlich, loyal, opferbereit, manchmal triebhaft und nur mühsam beherrscht

Als Skorpion-Geborener sind Sie ein Mensch, dem ein außergewöhnlich großes Energiepotenzial zur Verfügung steht. Es verleiht Ihnen viel Willenskraft und Durchsetzungsvermögen, aber auch eine zähe Ausdauer und eine intensive Gefühlswelt, die zu glühender Leidenschaft auflodern kann. Ihr Tierkreiszeichen symbolisiert die in die Tiefe strebende Kraft. Sie begnügen sich nicht mit lauem Mittelmaß und mit seichter Oberflächlichkeit. Das gilt in gleichem Maße für Ihre Geistes- und Gefühlswelt. Tiefe geht Ihnen vor Breite der Gedanken und Gefühle. Wichtiger als eine Ausweitung Ihres Horizonts ist Ihnen ein gründlicher Erwerb von Wissen und Erfahrungen, mehr Wert als auf eine Vielzahl von zwischenmenschlichen Kontakten legen Sie auf einige wenige, aber enge Bindungen. Ein ausgeprägtes Selbstwertgefühl macht Sie wenig anpassungsfähig und kompromissbereit. Sehr große Flexibilität ist Ihnen in der Regel nicht gegeben.

Nach außen geben Sie sich meist bestimmt, selbstsicher und direkt, doch sind Sie auf die Wahrung einer gewissen Distanz bedacht, weil eine tiefwurzelnde, misstrauische Vorsicht Sie dazu treibt, nichts ungeprüft hinzunehmen, sich auf keinerlei unkalkulierbare Wagnisse einzulassen. Jedem Aktivwerden Ihrerseits geht eine kritische Bestandaufnahme der Gegebenheit voraus, denn Sie sind bemüht, stets den Überblick und damit weitgehend die Kontrolle zu bewahren, erstreben bestmögliche Absicherung Ihrer Position und Ihres Tuns. Spontane Impulshandlungen sind bei Ihnen höchst selten; Sie wirken und sind fast immer beherrscht und besonnen. Mit Ihrer tiefen Gedankenwelt sind Sie ein interessanter und anregender Gesprächspartner, doch halten Sie wenig von oberflächlichem Geplauder und kommen nur richtig in Fahrt, wenn Sie ein ebenso tiefschürfendes Gegenüber gefunden haben. Im Allgemeinen sind Sie nicht sonderlich kontaktfreudig; mehr Aufgeschlossenheit zeigen Sie nur, wenn Sie ganz am Ende der dritten Skorpion-Dekade geboren sind, sodass sich bereits ein Einfluss des Nachbarzeichens Schütze in Ihrer Wesensprägung bemerkbar macht.

Aber auch dann tragen Sie Ihr Herz nicht auf der Zunge, halten sich mit Gefühlsäußerungen sehr zurück, und das nicht nur gegenüber Fremden und Bekannten, sondern auch gegenüber Freunden und sogar den Ihnen am nächsten stehenden Menschen. Sorgfältig sind Sie darauf bedacht, die Tiefen Ihrer Seele abzuschotten, niemand in die geheimen Winkel Ihres Gefühlslebens hineinschauen lassen. Sie brauchen emotional einen ureigensten Freiraum, Ihre Geheimnisse, die Sie selbst einem Menschen, mit dem Sie das Leben teilen, nie völlig offenbaren. Diese Verhaltenheit kann

Ihnen eine Aura des Unergründlichen und Rätselhaften verleihen, die Sie manchmal bewusst pflegen, weil Sie wissen, dass Sie dadurch besonders auf Vertreter des anderen Geschlechts eine starke Faszination ausüben. Achten Sie jedoch darauf, dass daraus keine innere Abkapselung wird, die Ihre menschlichen Bindungen belastet und zu einer seelischen Verhärtung und Verarmung führen kann. Bei aller Wahrung innerer Freiräume sollten Sie zumindest in einigen Beziehungen sich so vorbehaltlos öffnen, dass ein echter, beide Seiten bereichernder Austausch auf emotionaler Ebene möglich ist.

Eine große Zahl von zwischenmenschlichen Kontakten ist für Sie nicht notwendig. Es kann sehr lange dauern, bis Sie jemanden akzeptiert haben und bereit sind, eine Bindung einzugehen; das gilt für eine Zweierbeziehung ebenso wie für Freundschaften oder Bekanntschaften. Weil Ihnen das Knüpfen von Kontakten schwerfällt, sind Sie an der Stabilität Ihrer Beziehungen interessiert und bereit, sich auf den anderen zu konzentrieren, Bindungen mit Leben zu erfüllen und ihnen Tiefgang zu geben, doch verlangen Sie Ihrerseits vom Partner eine Zuwendung, die häufig einen Ausschließlichkeitsanspruch darstellt. Wiederum kann sich Ihr Hang zur Abkapselung bemerkbar machen: Um der Beziehung Dauer zu verleihen und sie abzusichern, neigen Sie häufig zu einer übermäßigen Einschränkung des Partners, besonders was seine Kontakte zu anderen Menschen angeht, und entwickeln eine Eifersucht, die zur lähmenden Fessel werden kann. Die Bindung wird zum »goldenen Käfig«, und wenn Sie sich auch noch so hingebungsvoll um eine bequeme Auspolsterung dieses Käfigs bemühen, liegt es doch nicht jedem, sich auf Dauer in Ihre (von Ihnen in einer Zweierbindung oft mit leidenschaftlicher Gefühlstiefe und großer Fürsorge belohnten) Gefangenschaft zu begeben, in der ihm jeder persönliche Freiraum genommen ist. Dafür haben Sie freilich wenig Verständnis und reagieren enttäuscht und oft sogar rachsüchtig, wenn man sich Ihrer wohlgemeinten Tyrannei entzieht.

Nach außen wirken Sie gelassen und selbstsicher, und das ist keineswegs eine bloße Schau. Sicherheit und ein ausgeprägtes Selbstwertgefühl verleiht Ihnen das Bewusstsein, über große Kräfte zu verfügen und sie mit Hilfe Ihres wachen Verstandes und Ihres intuitiven Gespürs zielsicher und erfolgsorientiert einsetzen zu können. Dank Ihrer Willenskraft, Ihrer Gründlichkeit und Ausdauer erreichen Sie meist, was Sie sich in den Kopf gesetzt haben. Kaum je werfen Sie bei Schwierigkeiten vorschnell die Flinte ins Korn, sondern räumen sie durch geballten Krafteinsatz oder zähe Beharrlichkeit aus dem Weg. Herausforderungen nehmen Sie kampfbereit an, Konkurrenz schreckt Sie nicht. Sie sind ein fairer Gegner, wenn man Ihnen offen gegenübertritt, doch reagieren Sie ungemein empfindlich, wenn man Ihr Ehrgefühl verletzt. Wenn Sie sich herabgesetzt oder gar bloßgestellt fühlen, erwachen in Ihnen Rachegefühle, die sich durch nichts beschwichtigen lassen. Da Sie Unrecht und Kränkungen nie vergeben oder vergessen, sind Sie ein gefährlicher Feind, der unversöhnlich darauf aus ist, den Widersacher seinerseits herabzuwürdigen oder gar zu vernichten, wobei Sie in der Wahl Ihrer Mittel manchmal nicht sehr wählerisch sind.

Mangelnde Flexibilität ist die Ursache, warum Sie in Ihren Ansichten und Standpunkten häufig sehr konservativ sind. Früh schon beziehen Sie nach sorgfältiger Prüfung eigene Positionen, die manchmal recht progressiv sein können, sind aber danach kaum mehr zu einer Revision zu bewegen, sondern verharren eigensinnig darauf, auch wenn sie durch den Gang der Dinge überholt sind. Immerhin sind Sie klug genug, um zu erkennen, wenn ein Standpunkt vollkommen unhaltbar geworden ist, und lassen sich durch fundierte Argumente zu einem Meinungsumschwung bewegen.

In der Regel sind Sie sehr ehrgeizig und erstreben Beachtung und Anerkennung. Zwar wollen Sie nicht unbedingt im Rampenlicht stehen, doch legen Sie großen Wert darauf, Entwicklungen beeinflussen und steuern zu können. Eine Bevormundung und Gängelung lehnen sie im persönlichen Leben und in der Arbeit ab. Sie wehren sich gegen jede Beschneidung Ihrer Freiräume, obwohl Sie Ihrerseits, wie schon erwähnt, dazu neigen, in zwischenmenschlichen Bindungen andere einzuengen. Im praktischen menschlichen Miteinander zeichnen Sie sich fast immer durch einen ausgeprägten Gerechtigkeitssinn aus.

Alle diese Wesenszüge und Verhaltensweisen beruhen auf der kosmischen Grundprägung durch das Sonnenzeichen, die freilich im konkreten Einzelfall durch viele andere Prägefaktoren oder durch die persönliche

Entwicklung verändert, abgeschwächt oder auch ins Negative übersteigert sein können. Durch eine solche Übersteigerung wird beispielsweise aus Zurückhaltung Abkapselung und Heimlichtuerei, aus Leidenschaft Unbeherrschtheit und Triebhaftigkeit, aus Ausdauer starrköpfige Sturheit, aus ehrgeiziger Zielstrebigkeit rücksichtsloser Durchsetzungswille und aus energischer Entschlossenheit blindwütiges Losschlagen.

Für jeden Menschen ist es wichtig, nicht nur über seine positiven Anlagen und Fähigkeiten Bescheid zu wissen, um sie bestmöglich entfalten und einsetzen zu können, sondern auch seine Schwächen und Fehler zu kennen, denn nur dann ist er imstande, sie zurückzudämmen oder gar auszumerzen.

Meine Anlagen und Neigungen

Sie sind als Skorpion-Geborener ein vorwiegend gefühlsorientierter und introvertierter Mensch. Ihr Sonnenzeichen symbolisiert die in die Tiefe strebende Kraft, und diese Ausrichtung zeigt sich auch in Ihrer Gedanken- und Gefühlswelt. Laues Mittelmaß und banale Oberflächlichkeit lehnen Sie ab; Ihr Geist strebt forschend in die Tiefe, und auch in Ihrem Fühlen und Erleben sind Sie von einer Intensität, die vielen anderen Menschen fremd ist. Groß ist Ihr Energiepotenzial, das Ihnen viel Willenskraft, Durchsetzungsvermögen und zähe Ausdauer verleiht. Sie geben sich energisch und selbstsicher, sind jedoch im Gefühlsausdruck sehr verhalten, verschließen die Tiefen Ihrer Seele vor fremder Neugier, wollen sich grundsätzlich nicht gern in die Karten schauen lassen. Diese Tendenz zur Abschottung kann allerdings bei überstarker Ichbezogenheit zu einer Verschlossenheit und Kontaktarmut führen, die zu einem rücksichtslosen Egoismus führt. Andererseits können Sie aber auch sehr leidenschaftlich sein und manchmal Mühe haben, sich unter Kontrolle zu halten, sodass bei Ihnen eine unbeherrschte Triebhaftigkeit möglich ist. Vermeiden Sie unbedingt beide Extreme, die sich auf Ihre Entfaltungsmöglichkeiten und Ihre Kontaktfähigkeit gleichermaßen verhängnisvoll auswirken.

Im Bewusstsein der Ihnen zur Verfügung stehenden Energien sind Sie eine Kämpfernatur, die Schwierigkeiten und Hindernissen nicht ausweicht, sondern sie frontal angeht und durch geballten Krafteinsatz oder zähe Beharrlichkeit aus dem Weg räumt. Sie planen zwar sorgfältig und vorsichtig voraus, sind jedoch nicht sonderlich flexibel und verstehen sich selten auf geschicktes Taktieren. Den Mitmenschen gegenüber sind Sie bei aller Verhaltenheit direkt und fair, seelisch allerdings ungemein verletzlich und bei absichtlich zurücksetzender, demütigender oder bloßstellender Behandlung von einer unversöhnlichen Rachsucht erfüllt. Sie stellen an sich und die Mitmenschen hohe Anforderungen, sind zielstrebig und ehrgeizig und brauchen Beachtung und Anerkennung, auch wenn Ihnen nicht allzu viel daran liegt, im Mittelpunkt oder im Rampenlicht zu stehen. Sie sind auf die Wahrung persönlicher Freiräume bedacht und lehnen jede Bevormundung und Gängelung ab. Mit Ihrer Eigenwilligkeit haben Sie manchmal Mühe, sich in Gemeinschaften einzuordnen, besonders wenn dies für Sie Unterordnung bedeutet. Wenn Sie jedoch Bindungen eingegangen sind, erweisen sie sich als loyal und zuverlässig.

Viele dieser durch kosmische Prägung bedingten Eigenheiten zeigen sich bereits beim Skorpion-Kind. In der Regel ist es außergewöhnlich vital und in der körperlichen und geistigen Entwicklung nicht selten den Altersgenossen voraus. Früh schon zeigt sich sein starker Wille, nicht nur in weniger erfreulicher Gestalt als Eigensinn, sondern auch positiv als Leistungsbereitschaft und Ausdauer. Sehr verhalten ist das Kind in seinen Gefühlsäußerungen, was von den Eltern auf keinen Fall missverstanden werden darf: Das Skorpion-Kind ist mindestens ebenso liebes- und zuwendungsbedürftig wie andere Kinder, auch wenn es das nicht offen zu zeigen vermag. Mangelnde Zuwendung kann zu einer inneren Abkapselung und zu einer zeitlebens fortdauernden Kontaktscheu führen, die man unbedingt vermeiden sollte.

Sehr leicht lenkbar ist das Skorpion-Kind nicht, mit Vorhaltungen oder gar mit Strafen erreicht man bei ihm wenig. Da es schon früh mit seinem wachen Verstand überraschend vernünftig ist, sollte man sich die Mühe machen, es als Individuum anzuerkennen und ausführlich mit ihm zu sprechen, ihm den Sinn von Verboten oder Vorschriften zu erklären und ihm sehr offen gegenüberzutreten, denn Täuschungen durchschaut es rasch und nimmt sie übel. Zu beachten ist sein empfindliches Ehrgefühl; Ungerechtigkeiten und Kränkungen vergisst und vergibt es nur schwer. Hass- und Rachegefühle können lange Zeit nachwirken.

In der Schule hat das Skorpion-Kind, das eine normale Entwicklung durchlaufen konnte, nur selten größere Probleme, auch wenn manchmal die Einordnung in die Klassengemeinschaft nicht ganz reibungslos vor sich geht. Leistungswille, Zielstrebigkeit und Ausdauer lassen in der Regel ordentliche Noten erwarten, Schwierigkeiten werden als Herausforderungen empfunden und meist ohne Hilfe mit großer Zähigkeit bewältigt. Dem natürlichen Bewegungsdrang des Kindes sollte dadurch Rechnung getragen werden, dass man auf eine ausreichende körperliche Betätigung durch Sport und Spiel achtet. Einem vielleicht erkennbaren Hang zur Abkapselung sollte mit einer behutsamen und unaufdringlichen Förderung zwischenmenschlicher Kontakte entgegengewirkt werden.

Eine Gängelung durch Vorschriften oder allzu fordernde Empfehlungen lehnt der Skorpion-Geborene bei der Berufswahl wie in allen Lebensbereichen ab. Da ihm die vorausschauende Planung liegt, macht er sich oft früh schon Gedanken über den künftigen Lebensweg und setzt sich in einer meist realistischen Einschätzung der eigenen Möglichkeiten und Fähigkeiten Ziele, die für ihn erreichbar sind. Bei der Berufswahl kann zwar ein sorgfältig erstelltes und ausgedeutetes Individualhoroskop eine Hilfe sein, doch eine allgemeine Zuordnung bestimmter Berufe zu den einzelnen Tierkreiszeichen, wie sie in der älteren astrologischen Literatur üblich war, ist angesichts der Gegebenheiten im heutigen Arbeitsleben wenig sinnvoll. Wir beschränken uns deshalb auf einige Hinweise, die sich auf die kosmische Grundprägung des Skorpion-Geborenen stützen.

Sein wertvollstes »Arbeitskapital« ist sein großes Energiepotenzial, das ihm viel Durchsetzungsvermögen, Zielstrebigkeit, Gründlichkeit und Ausdauer verleiht. Er plant vorsichtig und ist auf bestmögliche Absicherung aller zum Ziel führenden Schritte bedacht. Unkalkulierbare Risiken geht er nicht ein. Kaum je wirft er vorschnell die Flinte ins Korn; Hindernisse und Schwierigkeiten sind für ihn Herausforderungen, an denen er sich messen und bewähren kann. Zwar kennt er keinen Konkurrenzneid, weicht aber Konkurrenzkämpfen nicht aus. In der Regel ist er fair und direkt, reagiert aber ungemein empfindlich und heftig auf jede Verletzung seines Stolzes und Ehrgefühls. Er will nicht unbedingt im Vordergrund stehen, aber dennoch mitbestimmen oder nach Möglichkeit eine Führungsrolle übernehmen; zum passiven Befehlsempfänger fühlt er sich nicht geboren.

In einem freien Beruf kann er sich mit seiner Leistungsbereitschaft, seinem Ehrgeiz und seinem Durchhaltevermögen gut behaupten, auch wenn er manchmal nicht sonderlich geschäftstüchtig ist und die materielle Absicherung vernachlässigt. In einer Führungsposition ist er tatkräftig und zielbewusst, verlangt viel, erkennt aber Leistungen großzügig an. Eine Teamarbeit, in der er nichts mitzubestimmen hat, liegt ihm wenig, und überhaupt nicht zur Entfaltung kommt er in einem abhängigen Arbeitsverhältnis, das ihn in eine öde Routine zwängt und seine persönlichen Freiräume beschneidet. Nur wenn er gefordert wird und einen Entscheidungsspielraum hat, kann er zeigen, was in ihm steckt. Und das ist meist recht viel.

Neben den Fähigkeiten und Kenntnissen, die er sich erworben hat, sind es die Anlagen und Eigenschaften des Skorpion-Geborenen, die ihm trotz aller Veränderungen auf dem Arbeitsmarkt und in den einzelnen Berufen nach wie vor zugute kommen. Die Umstände, unter denen er eine Tätigkeit ausüben kann, sind für seine Entfaltungsmöglichkeiten meist sehr viel wichtiger als der Berufszweig oder die Position. Mag es ihm auch an der Flexibilität und Anpassungsbereitschaft fehlen, die im heutigen Berufsleben vielfach gefordert werden – er hat zahlreiche andere Qualitäten, die zu allen Zeiten gefragt sind und die es ihm ermöglichen, die beruflichen Ziele zu erreichen, die ihm sein realistischer Ehrgeiz setzt.

Die ideale Partnerschaft – Liebe und Ehe

Manche Menschen verstehen sich auf Anhieb prächtig und kommen ausgezeichnet miteinander aus, während andere nur schwer zueinander Kontakt finden oder sich gar in offenen Streitigkeiten oder schwelenden Konflikten aneinander zerreiben. Wesensverwandtschaften und Wesensgegensätze spielen in zwischenmenschlichen Beziehungen eine entscheidende Rolle, und da das Wesen des Menschen maßgeblich durch kosmische Prägung mitbestimmt wird, sind Partnerschaftsvergleiche auf astrologischer Grundlage ungemein beliebt.

Nun sind freilich solche Vergleiche im konkreten Fall nur dann wirklich aussagekräftig, wenn die individuellen, präzis erstellten und ausgedeuteten Horoskope beider Partner als Grundlage dienen. Immerhin lassen sich aus den Sonnenzeichen zweier Menschen »Verträglichkeitswerte« ableiten, ist doch das Tierkreiszeichen, in dem zum Zeitpunkt der Geburt die Sonne gestanden hat, der wichtigste Prägefaktor des Individualhoroskops. Zwar kann man aus einem Wesensbild, das lediglich aus dem Sonnenzeichen abgeleitet wurde, keine genauen Aussagen für den Einzelfall gewinnen, aber solche Vergleiche sind dennoch sinnvoll, weil sie helfen können, zwischenmenschliche Beziehungen erfreulicher und reibungsloser zu gestalten: Wenn man die Stärken und Schwächen seiner Mitmenschen kennt, vermag man sich besser darauf einzustellen und manche Reibereien und Krisen zu vermeiden. Dazu gehört freilich auch, dass man zunächst einmal über sich selbst genau Bescheid weiß, sich seine Schwächen eingesteht und sich keiner Selbsttäuschung hingibt. Deshalb stellen wir den Partnerschaftsvergleichen nach Sonnenzeichen Ausführungen über Ihr eigenes Verhalten in zwischenmenschlichen Beziehungen voran.

Aufgrund der Charakteristiken der Sonnenzeichen hat man eine Vergleichstabelle der zwölf Tierkreiszeichen erstellt, auf der die Verträglichkeit nach einem von 1 bis 6 reichenden Punktesystem bewertet wird. Danach verträgt sich der Skorpion am besten mit Krebs und Fischen (6 Punkte), dann mit Jungfrau (5 Punkte) und mit Zwillingen, Löwe und Steinbock (je 4 Punkte). Nicht so gut klappt es mit Widder und Schütze (3 Punkte) sowie mit Stier und Waage (2 Punkte), während Skorpion und Wassermann mit lediglich einem Punkt am unteren Ende der Verträglichkeitsskala stehen. Diese Bewertung gilt freilich nur für die grundlegenden Wesenszüge; im konkreten Einzelfall kann ein Skorpion durchaus mit einem Wassermann auskommen, nur müssen in diesem Fall beide Partner mehr als bei den anderen Verbindungen sich bemühen, die Beziehung trotz erheblicher Wesensunterschiede harmonisch zu gestalten, während in der Partnerschaft mit einem Krebs diese Harmonie von vornherein weitgehend gegeben ist.

Ihr Partnerschaftsverhalten

Vielen gelten Sie wegen Ihrer ausgeprägten Introvertiertheit und Eigenwilligkeit als problematischer Partner, doch solche Pauschalurteile sind wenig sinnvoll. Zurückhaltend und selbstbewusst sind auch Vertreter anderer Tierkreiszeichen, und Sie haben manche positiven Seiten, die einer Partnerschaft dienlich sind, sind Sie doch in der Regel grundanständig, mitfühlend, hilfsbereit, opferwillig, loyal und treu. Mit Ihrer Strebsamkeit sorgen Sie für eine abgesicherte materielle Basis; bei Schwierigkeiten werfen Sie nicht mutlos die Flinte ins Korn, sondern mobilisieren Ihr großes Kräftepotenzial, um sie wegzuräumen. Sie scheuen keine Auseinandersetzungen, sondern gehen aus Konflikten, die Ihre Kräfte fordern, meist gestärkt hervor. Halbheiten lehnen Sie ab. Oft sind Sie ein fesselnder Gesprächspartner mit vielseitigen und auch außergewöhnlichen Interessen. Ihr gelassenes, verhaltenes Auftreten strahlt Selbstsicherheit und Ruhe aus. Wenn Sie sich einem Mitmenschen zu öffnen vermögen, geht häufig von Ihnen eine faszinierende erotische Ausstrahlung aus.

Allerdings können diese positiven Anlagen – wie bei allen – auch in Negative übersteigert oder durch die Prägekraft anderer kosmischer Faktoren verformt sein, sodass Sie tatsächlich zum schwierigen Partner werden. So kann aus Zurückhaltung eine Tendenz zur Abkapselung und zur undurchschaubaren Heimlichkeit werden, aus Strebsamkeit rücksichtsloser Durchsetzungswille, aus Ausdauer und Geradlinigkeit verbissene Starrheit, aus Ichbezogenheit Selbstsucht, aus Verinnerlichung seelische Verspannung, die den klaren Blick auf die Umwelt trübt. Ihre einer tiefen Gefühlswelt entspringende Leidenschaftlichkeit kann zu ungebändigter Triebhaftigkeit werden, die auf seelische Bedürfnisse des Partners wenig Rücksicht nimmt.

Ihr Partner sollte sich darauf einstellen, dass Sie oft ein Mensch der Extreme sind, der sich nur schwer anzupassen vermag und den man nicht ohne Weiteres lenken oder nach den eigenen Vorstellungen zurechtbiegen kann. Wer mit Ihnen eine Verbindung eingehen will, muss bereit sein, sich auf Sie einzustellen, sich auf Sie zu konzentrieren, Ihnen absolut offen gegenüberzutreten. Er muss auf Ihr ausgeprägtes Ehrgefühl Rücksicht nehmen: Wenn dieses verletzt wird, setzen Sie Ihren gefürchteten »Stachel« ein, schlagen hart zurück und können dann Ihrerseits ungerecht und verletzend sein. Seitensprünge darf sich Ihr Partner nicht erlauben, denn für Sie gilt die Devise »Alles oder nichts«, und da Sie selbst unverbrüchlich treu sind, erwarten Sie die gleiche Verbundenheit. Ein ausgesprochener »Sex-Muffel« ist nichts für Sie, da die Erotik für Sie einen recht hohen Stellenwert hat.

Nicht jeder wird sich so weitgehend auf Sie einstellen können, wie es für eine harmonische, dauerhafte Verbindung notwendig ist. Wer es jedoch vermag, wird in Ihnen einen unbedingt verlässlichen Partner finden, der zwar nicht sonderlich einfach ist, aber die Zuwendung durch tiefe Gefühle, aufrichtige Loyalität, unverbrüchliche Hilfsbereitschaft und stabile Sicherheit dankt.

Skorpion mit Widder

Beide sind energisch, tatendurstig und ehrgeizig, beide streben nach Erfolg. Freilich ist der Widder ein selbstsicherer Optimist, der seine Ziele mit viel Realitätssinn auf direktem Weg ansteuert, während der Skorpion oft von Zweifeln und Ängsten geplagt wird, die ihm die Verwirklichung seiner Vorhaben erschweren. Immerhin ist er dem Widder an Ausdauer und Zähigkeit überlegen, und so können beide ein erfolgreiches Team bilden, in dem der Widder Anstöße und praktische Tipps gibt und der Skorpion für die Beharrlichkeit sorgt. In einer engen Zweierbindung kann es jedoch wegen der Wesensverschiedenheiten Probleme geben. Der Widder ist offen und direkt, der Skorpion eher verschlossen und in sich gekehrt; in seiner stärkeren Ichbezogenheit macht er häufig den Versuch, den Partner an die Kette zu legen, ihn ganz auf sich zu fixieren, was ein Widder nur schwer erträgt. Eifersuchtsszenen sind nicht selten. Bei Konflikten liegt es am Widder, die Spannungen mit Fingerspitzengefühl und Klugheit zu entschärfen. Das ist zwar nicht ganz einfach, lohnt aber die Mühe, denn der Skorpion vergilt aufrichtige Zuwendung mit dankbarer Sorge und leidenschaftlicher Liebe. Wegen vieler Gegensätze ist zwar eine Skorpion-Widder-Verbindung selten problemlos und konfliktfrei, aber wenn beide sich aufeinander eingestellt haben und verständnisbereit sind, kann sie trotz mancher Schwierigkeiten beglückend und von Dauer sein.

Skorpion mit Stier

Zwischen Vertretern dieser beiden Tierkreiszeichen kann es rasch zu einer sexuellen Bindung kommen, da beide tiefer Gefühle fähig und für Zärtlichkeiten sehr empfänglich sind. Zwar sind sie in der grundlegenden Wesensprägung sehr verschieden und haben oft auch ganz andere Interessen, aber gerade diese Gegensätzlichkeit wird zunächst eine starke Anziehungskraft ausüben und die gegenseitige erotische Attraktivität verstärken. Ist allerdings eine Partnerschaft erst einmal eingefahren, das Miteinander zur Routine geworden, kann sich die anfängliche Begeisterung rasch verflüchtigen und schließlich einer mehr oder minder konfliktreichen Spannung weichen, in der sich Reibereien immer wieder zu Auseinandersetzungen steigern. Zur Aufladung der Atmosphäre trägt bei, dass beide sehr eigenwillig und ichbezogen sind, zu Starrköpfigkeit und Rechthaberei neigen, vom Partner Besitz ergreifen wollen und deshalb häufig von Eifersucht geplagt werden. Sonderlich viel Verständnis für die Eigenart des anderen bringt keiner auf, und auch an Kompromissbereitschaft fehlt es ihnen. Lange Zeit können die Gegensätzlichkeiten durch die Tiefe und Leidenschaftlichkeit der erotischen Bindung überbrückt werden, doch wenn der Alltag immer wieder Konflikte bringt, wird die Beziehung ständig starken Belastungen ausgesetzt, und sie muss schon sehr tragfähig sein, um diese auf Dauer zu überstehen. Dazu ist aufrichtiges Bemühen auf beiden Seiten nötig. Wenn es klappt, haben beide von einer Partnerschaft menschlich und materiell manchen Nutzen.

Skorpion mit Zwillinge

Auf intellektueller Ebene verstehen sich Vertreter dieser beiden Tierkreiszeichen in der Regel ausgezeichnet: Der Zwillinge-Geborene denkt rasch und klar, der Skorpion tief und gründlich; der Skorpion bringt die gedankliche Substanz ein, für die der Zwilling dann die präzise Formulierung liefert. Freilich besteht das Leben nicht nur aus anregendem Gedankenaustausch, wie in einer engen Verbindung bald offenbar wird; dann nämlich treten erhebliche Wesensunterschiede zutage, die hart aufeinander prallen können. Der stark ichbezogene Skorpion möchte sich auf die eigene Sphäre konzentrieren, strebt nach friedlicher Häuslichkeit und sicherer Geborgenheit, während der extravertierte Zwilling ohne vielfältige Kontakte nach außen nicht leben kann, mit denen er die Eifersucht des Partners weckt, der sich vernachlässigt fühlt. Der Zwillinge-Geborene lehnt den Besitzanspruch des Skorpions ab, der ihn einengt, und wenn sich der leicht verletzliche Partner abkapselt, weiß er nichts mehr mit ihm anzufangen und wendet sich erst recht nach außen. Immerhin übt die leidenschaftliche Liebesfähigkeit des Skorpions auf ihn eine starke Anziehungskraft aus, sodass durch die enge erotische Bindung manche Konflikte überbrückt werden. Aber auch der meist rege Gedankenaustausch vermag Spannungen abzubauen; deshalb sollten beide auf eine Vielzahl von gemeinsamen Interessen und verbindenden Unternehmungen bedacht sein.

Skorpion mit Krebs

In der Verträglichkeitsskala steht der Krebs beim Skorpion ganz oben, denn einerseits stimmen beide in vielen Wesenszügen überein, und andererseits ergänzen sie sich recht gut mit ihren gegensätzlich geprägten Anlagen. Häufig beruhen Partnerschaften zwischen Vertretern dieser beiden Tierkreiszeichen auf einer starken erotischen Bindung, die durch die Gefühlswärme des Krebses und die Leidenschaftlichkeit des Skorpions lebendig gehalten wird. Beide sind introvertiert, brauchen nur wenige Anstöße von außen und können sich deshalb gut auf die Zweisamkeit konzentrieren. Im praktischen Alltag, aber auch menschlich ergänzen sie sich gut: Der zielstrebige, auf Klarheit und Ordnung bedachte Skorpion gibt dem labileren, stark von Stimmungen abhängigen Krebs Sicherheit und festigt sein Innenleben; dem nach Zuwendung verlangenden Skorpion tut es gut, vom häuslichen Krebs umsorgt und verwöhnt zu werden. Beide schätzen eine kultivierte Häuslichkeit, die sie gern gleich gesinnten Gästen vorführen; ansonsten lehnen sie gesellschaftlichen »Rummel« ab. Gestört werden kann die Harmonie durch die bei beiden rasch entflammende Eifersucht, die ihrem Ausschließlichkeitsanspruch entspringt, doch begründeter Anlass liegt bei beiden nur selten vor, da sie loyal und aufrichtig sind und die Partnerschaft nicht leichtfertig oder mutwillig gefährden. Deshalb gehören Skorpion-Krebs-Verbindungen zu den dauerhaftesten, die es gibt.

Skorpion mit Löwe

Wenn der tiefgründige, häufig von inneren Spannungen erfüllte Skorpion eine enge Bindung eingeht, will er den Partner ganz in Besitz nehmen, wünscht, dass dieser sich völlig auf ihn konzentriert. Eine solche totale Hingabe ist dem extravertierten, selbstbewussten und ichbezogenen Löwen fremd. Er ist offen und direkt; ihn stört die Neigung des Skorpions, sich abzukapseln, sein Innerstes zu verbergen. Der Skorpion wiederum sieht in der kontaktfreudigen Herzlichkeit des Löwen oft flatterhafte Oberflächlichkeit. Spannungen lassen sich nur schwer abbauen, da keiner der selbstbewussten Partner zum Nachgeben bereit ist. Und da beide dazu neigen, Hindernissen nicht auszuweichen, sondern geradewegs gegen sie anzurennen, also wenig diplomatisch und kompromissfähig sind, kann es immer wieder zu Konflikten und zu (seitens des Löwen) lautstarken Auseinandersetzungen kommen, die die Partnerschaft auf eine Zerreißprobe stellen. Trennungen sind keineswegs selten, doch gibt es auch zahlreiche dauerhafte Bindungen, die gerade durch die Gegensätzlichkeiten und häufig auch durch eine auf der beiderseitigen Leidenschaftlichkeit beruhende, starke erotische Übereinstimmung lebendig erhalten werden. Freilich kann die Partnerschaft für beide manchmal recht anstrengend sein. Nur durch ein Eingehen auf die Eigenheiten des anderen und den Aufbau möglichst vieler gemeinsamer Interessen und Ziele lässt sie sich konfliktarm gestalten.

Skorpion mit Jungfrau

Auf geistiger Ebene verstehen sich Vertreter dieser beiden Tierkreiszeichen auf Anhieb hervorragend: Das scharfe, sachbezogene Denken der Jungfrau ergänzt ausgezeichnet den gründlichen, forschenden Intellekt des Skorpions. Auch im Körperlichen besteht eine starke Anziehungskraft, weil den Skorpion die verhaltene Sinnlichkeit der Jungfrau reizt, während diese von der erotischen Ausstrahlungskraft des Skorpions gefangen genommen wird. Skorpion-Jungfrau-Partnerschaften sind häufig und meist dauerhaft, was die hohe Bewertung (5 Punkte) in der Verträglichkeitsskala zeigt. Das sagt freilich nichts darüber aus, ob sie in der Mehrzahl konfliktarm und harmonisch sind, denn wenn auch geistige Übereinstimmung und sexuelle Faszination für eine Zweierbindung wichtig sind, garantieren sie doch kein immerwährendes Glück, weil im Alltagsleben Wesensgegensätze zu mancherlei Reibungen führen können. Die oft grundlose Eifersucht des besitzergreifenden Skorpions kann ebenso eine Bewährungsprobe sein wie die Kritiksucht, Pedanterie und Nörgelei der Jungfrau. Da beide ziemlich verhalten sind und einer offenen Konfrontation aus dem Wege gehen, können sich im Laufe der Zeit Berge von Missverständnissen und Misshelligkeiten anhäufen, die Atmosphäre vergiften. In solchen und manch anderen Situationen kann die Vermittlung eines einfühlsamen Dritten von Nutzen sein, um Konflikte und Spannungen zu lösen.

♏ Skorpion mit Waage ♎

Der selbstsichere, konzentrierte Skorpion und die charmante, verständnisvolle Waage fühlen sich zueinander hingezogen, und da beide diskussionsfreudig und vielseitig interessiert sind, finden sie rasch Kontakt zueinander. Eine Partnerschaft kann für beide von Nutzen sein: Die liebevolle Wärme und Extravertiertheit der Waage verhelfen dem Skorpion zu innerer Auflockerung und größerer Aufgeschlossenheit gegenüber der Umwelt, während die Gefühlsintensität und Zuverlässigkeit des Skorpions die Waage innerlich stabilisieren und ihr mehr Sicherheit geben, in einer engen Zweierbeziehung können allerdings ausgeprägte Wesensgegensätze zu Reibungen führen: Der absolutistische, nicht selten starrsinnige Skorpion hält das abwägende Gerechtigkeitsstreben der Waage für zögerliche Feigheit und ihr Kontaktbedürfnis für Flatterhaftigkeit, während die Waage unter der besitzergreifenden Eifersucht des Partners leidet, die aus jedem noch so harmlosen Flirt einen verwerflichen Treuebruch macht. Auseinandersetzungen können durch die Kompromisslosigkeit und den Zynismus des Skorpions verschärft werden, sodass auch eine häufig starke erotische Bindung den Belastungen nicht gewachsen ist und die Partnerschaft zerbricht. Meist ist es bei Spannungen der Waage-Partner, der um einen Ausgleich bemüht ist; Voraussetzung dafür ist, dass der Skorpion seiner Tendenz zur Abkapselung und überstarken Ichbezogenheit widersteht.

Skorpion mit Skorpion

Im Gegensatz zu den Vertretern anderer Tierkreiszeichen kommen Skorpione mit ihresgleichen häufig schwer aus, weshalb diese Verbindungen in der Verträglichkeitsskala mit nur einem Punkt bewertet werden. Im günstigsten Fall kann eine solche Partnerschaft der Himmel, im ungünstigsten Fall die Hölle auf Erden sein. Welche Möglichkeit wahrscheinlich ist, hängt weitgehend vom Reifegrad der Partner ab. Wenn zwei noch unreife Skorpione zusammenfinden, die beide streitsüchtig und intolerant auf ihren Standpunkten beharren, ungeduldig und erbarmungslos jeden Fehler des anderen mit beißender Ironie kritisieren und den Partner mit harter Hand nach den eigenen Vorstellungen ummodeln wollen, kann eine Verbindung zu einer ohne Pardon geführten Schlacht werden, die beide zermürbt – ein dauerhaftes, einigermaßen harmonisches Miteinander ist in einem solchen Fall unmöglich. Hingegen werden reife Partner, besonders wenn viele verbindende gemeinsame Interessen gegeben sind, ein Zusammengehörigkeitsgefühl entwickeln, das unter anderen Tierkreiszeichen selten ist. Es beruht nicht nur auf einer meist außergewöhnlich starken erotischen Bindung, sondern auch auf tiefer Liebe, echter Einfühlung in den anderen, auf unverbrüchlicher Loyalität und in der Regel auf einer erstaunlichen geistigen Übereinstimmung. Zwischen diesen Extremen gibt es allerdings eine Vielzahl von Übergangsstufen, die von den individuellen Gegebenheiten beider Partner abhängen.

Skorpion mit Schütze

Nicht allzu häufig gelingt es dem introvertierten, besitzergreifenden, eher konservativen Skorpion, den extravertierten, freiheitsliebenden, allem Neuen aufgeschlossenen Schützen auf Dauer zu halten. Zwar fühlt sich bei der ersten Bekanntschaft der kontaktfreudige, sinnfrohe Schütze von dem meist als Gesprächspartner sehr interessanten Skorpion mit seiner starken erotischen Ausstrahlung angezogen, aber in einer Zweierbeziehung geht ihm der einengende Ausschließlichkeitsanspruch des Skorpions bald auf die Nerven, während dieser sich wegen der vielen nach außen gerichteten Interessen des Partners vernachlässigt fühlt. Da beide nicht auf den Mund gefallen sind, es dem Skorpion an Diplomatie und Nachgiebigkeit fehlt und der Schütze oft von verletzender Offenheit ist, kann es zu ebenso lautstarken wie unschönen Auseinandersetzungen kommen, die auf beiden Seiten Narben zurücklassen. Eine Versöhnung ist schwierig, denn der Schütze steckt ungern zurück, und ein beleidigter oder gar gedemütigter Skorpion ist ungemein nachtragend, ja rachsüchtig. Deshalb sollten beide Partner sehr darauf bedacht sein, solche gefährlichen Spannungen gar nicht erst aufkommen zu lassen; das ist am ehesten möglich, wenn eine Vielzahl von gemeinsamen Interessen und Zielen vorhanden sind, der Schütze-Partner seinen Freiheitsdrang zähmt und der Skorpion statt durch misstrauische Eifersucht und übertriebenen Besitzanspruch die Bindung durch liebevolle Fürsorge sichert.

Skorpion mit Steinbock

Eine auf gemeinsame Ziele gerichtete Interessengemeinschaft oder lose Partnerschaft ist zwischen Vertretern dieser beiden Tierkreiszeichen häufig erfolgreicher und dauerhafter als eine enge Zweierbeziehung. Beide haben manches gemeinsam, den zielstrebigen Ehrgeiz, das zähe Durchhaltevermögen, die Unnachgiebigkeit angesichts von Schwierigkeiten, die Tendenz zur Absicherung. Wenn sie ihre Kräfte auf gemeinsame Unternehmungen richten, haben sie in der Regel Erfolg. Auf der anderen Seite sind sie jedoch beide recht komplizierte Charaktere, schließen sich nach außen hin seelisch ab, lassen sich nur ungern in die Tiefe Ihres Herzens schauen. Dadurch kann eine enge Bindung sehr erschwert werden. Dazu kommt, dass beide meist eine ganz andere Einstellung zur Sexualität haben, ihr im Leben einen unterschiedlichen Stellenwert einräumen; nicht selten wird sich der Skorpion-Partner auf diesem Gebiet vernachlässigt fühlen. Er muss sich allerdings seinerseits davor hüten, den Steinbock allzu sehr bevormunden, ummodeln und in ein starres Korsett zwängen zu wollen. Differenzen kann es im alltäglichen Miteinander immer wieder geben, doch sehr viele Reibungsflächen lassen sich abschleifen, wenn gemeinsame Interessen, Aufgaben und Ziele die Kräfte fordern und die Aufmerksamkeit stärker nach außen wenden, als es dem Wesen der beiden introvertierten, auf sich und Zweisamkeit konzentrierten Partner entspricht.

Skorpion mit Wassermann

Der Wassermann steht in der Verträglichkeitsskala beim Skorpion mit nur einem Punkt ganz unten, was auf zahlreiche grundsätzliche Wesensunterschiede hinweist: Der auf sich und seine unmittelbare Umgebung konzentrierte Skorpion mit seiner verinnerlichten Leidenschaftlichkeit hat für den weltoffenen, unbeschwert genießenden Wassermann oft nur wenig Verständnis – und umgekehrt. Der auf Absicherung bedachte Skorpion will Besitz ergreifen, einen Partner ganz an sich binden; der Wassermann hingegen ist nahezu fanatisch auf seine Freiheit bedacht, erträgt jede Fessel nur schwer. Dem praktischen Wirklichkeitssinn des Skorpions widersprechen die manchmal utopischen Höhenflüge des Wassermanns, dem es schwerfällt, seine vielseitigen Interessen auf einen einzigen Menschen zu konzentrieren, wie der Skorpion es wünscht. Zwar hat eine Partnerschaft für beide Vorteile: Sie erweitert den Horizont des Skorpions auf vielen Gebieten, bringt ihm eine innere Auflockerung, während der Wassermann durch den Partner Realitätsbezogenheit, Ordnung und Stabilität erlangt. Dennoch müssen beide Seiten zu zahlreichen Kompromissen und Abstrichen bereit sein, wenn die Verbindung einigermaßen konfliktfrei und von Dauer sein soll. Dazu gehört beim Skorpion eine Begrenzung seines Ausschließlichkeitsanspruchs, während der Wassermann sich stärker auf die Zweisamkeit konzentrieren muss, anstatt Luftschlösser zu bauen und die ganze Welt verbessern zu wollen.

Skorpion mit Fische

Die hohe Bewertung einer solchen Verbindung in der Verträglichkeitsskala (6 Punkte) zeigt, dass Vertreter dieser beiden Tierkreiszeichen viel gemeinsam haben. Beide sind weit mehr gefühls- als verstandesbetont, streben nach Verinnerlichung und enger Gemeinschaft. Der arbeitsame, zielbewusste Skorpion kann dem Partner die Stabilität und Sicherheit geben, die dieser braucht; den Skorpion lockert und wärmt die Gefühlstiefe des Fische-Geborenen. Beide fühlen sich seelenverwandt und finden deshalb oft spontan zueinander, obwohl beide nicht sonderlich kontakfreudig sind. Meist ist die Verbindung von Dauer, aber trotz aller Übereinstimmungen geht es nicht ohne immer wieder auftauchende Spannungen und Reibereien ab, denn es gibt auch eine Reihe von Wesensunterschieden, die als störend empfunden werden. Dem tatkräftigen, realistischen Skorpion passt die passive Verträumtheit des Fische-Partners wenig, der seinerseits durch die intensive Sexualität des Skorpions überfordert sein kann. Beide sind zudem mehr oder weniger starken Stimmungsschwankungen unterworfen, und wenn die Seelenkurven allzu unterschiedlich schwingen, drohen Konflikte. Der Fische-Geborene ist zwar anpassungswillig, erträgt es aber nicht, vom Partner ständig gegängelt und »organisiert« zu werden. Er ist loyal, doch wenn er sich geknebelt fühlt, besteht die Gefahr, dass er enttäuscht davonschwimmt. Da aber ernsthafte Differenzen verhältnismäßig selten sind, gehören Skorpion-Fische-Partnerschaften zu den haltbarsten aller Verbindungen.

Meine Gesundheit

Wenn in früheren Jahrhunderten Leute von Rang und Namen erkrankt waren, wurde als Erstes nicht der Arzt sondern der Astrologe gerufen, der dem Heilkundigen die für Diagnose und Behandlung wichtigen Hinweise zu geben hatte. Häufig waren jedoch die Ärzte selbst Astrologen, so etwas Paracelsus, der bedeutendste Mediziner an der Wende des Mittelalters zur Neuzeit, der die Meinung vertrat, dass die Beachtung der Gestirnstände eine notwendige Voraussetzung für jede erfolgreiche Behandlung sei. Das war damals schon seit Jahrtausenden üblich, wie Zeugnisse aus der griechischen und römischen Antike beweisen.

Uralt sind auch die Zuordnungen bestimmter Körperteile, Organe und Erkrankungen zu Tierkreiszeichen und Gestirnen. Das bedeutet nichts anderes, als dass je nach den Konstellationen des Geburtshoroskops bestimmte Schwachpunkte und Gefährdungen gegeben sind. Es heißt jedoch nicht, dass entsprechende Erkrankungen und Schädigungen tatsächlich eintreten müssen: Eine durch kosmische Prägung gegebene, im Geburtshoroskop angezeigte Krankheits- und Schädigungsdisposition wird erst dann akut, wenn im weiteren Verlauf des Lebens bestimmte auslösende Gestirnstände die schlummernden Anlagen aktivieren. Daraus ist freilich nicht zu schließen, das »die Sterne krank machen«; sie machen ebenso wenig krank, wie eine Uhr Zeit »macht«. Uhren zeigen Zeit an, und genauso zeigen Gestirne drohende Gefährdungen an. Wenn ich rechtzeitig auf dieses Warnungen achte,

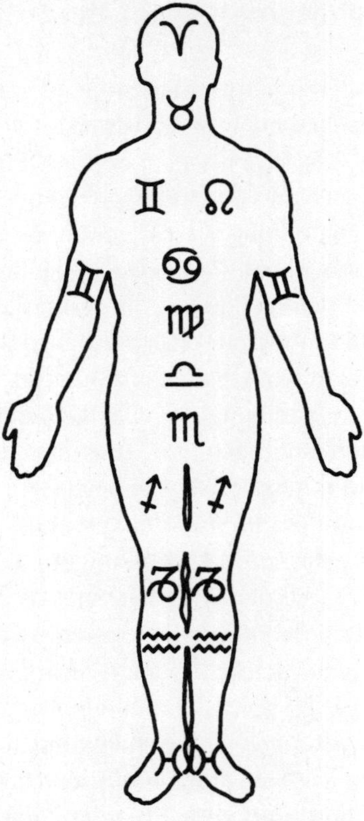

♈ Widder: Kopf	♎ Waage: Nieren und Harnleiter
♉ Stier: Kehle, Hals	♏ Skorpion: Geschlechtsorgane
♊ Zwillinge: Lunge und Arme	♐ Schütze: Oberschenkel
♋ Krebs: Brust und Magen	♑ Steinbock: Knie
♌ Löwe: Herz	♒ Wassermann: Waden
♍ Jungfrau: Darm	♓ Fische: Füße

Aufteilung der Tierkreiszeichen auf die verschiedenen Körperzonen meine Schwachpunkte kenne und weiß, welche Gefahren mir drohen, kann ich Gegenmaßnahmen ergreifen, um sie abzuwenden. Ich kann ganz gezielt meine Lebensweise und Ernährung umstellen, auf Genussgifte verzichten, meinen Organismus durch Bewegung, Gymnastik, Wasseranwendungen nach Kneipp usw. kräftigen und so dafür sorgen, dass meine Krankheitsdispositionen nicht zu tatsächlichen Erkrankungen werden.

Dem Zeichen Skorpion zugeordnet sind der Unterleib mit den Zeugungs- und Ausscheidungsorganen, Blinddarm, Becken und Leisten, die endogenen Drüsen, die Nase, der Hals und die Schilddrüse, was auf eine Anfälligkeit für Unterleibserkrankungen, Leistenbruch, Nasen-, Hals und Schilddrüsenerkrankungen hinweist. Bei am Ende der dritten Dekade Geborenen ist noch eine erhöhte Gefährdung von Hüften, Gesäß und Oberschenkeln gegeben. »Planetenherrscher« im Zeichen Skorpion ist der Mars, dem die Sexualfunktion, das Muskelsystem, die Galle, die roten Blutkörperchen, die motorischen Nerven und der Wärmehaushalt der Körpers zugeordnet sind, sodass eine Gefährdung durch fiebrige und entzündliche Erkrankungen, Verletzungen, Blutvergiftung und Erkrankungen von Galle und Geschlechtsorganen (auch Funktionsstörungen) angezeigt sind.

Nicht Willkür oder primitives Symboldenken erklären diese astrologischen Zuschreibungen, sondern vielmehr wurden sie im Lauf von Jahrtausenden durch sorgfältige Beobachtung und Bezugsetzung von irdischem und komischem Geschehen empirisch erarbeitet.

Gefährdung und Vorbeugung

Die bei Ihnen angezeigten Gefährdungen bedeuten keineswegs, dass es schicksalhaft und unausweichlich zu einer entsprechenden Schädigung kommen muss, sondern lediglich, dass Sie in dieser Hinsicht besonders vorsichtig sein sollten, damit eine bei Ihnen gegebene Möglichkeit nicht zur schadenbringenden Wirklichkeit wird.

Das hat zunächst einmal mit Astrologie wenig zu tun, sondern ist ganz einfach ein Gebot des gesunden Menschenverstands. Wenn Sie beispielsweise wissen, dass Sie einen schwachen Magen haben, sind Sie von sich aus darauf bedacht, ihn nicht zu überladen, ihm nichts Unbekömmliches zuzumuten, denn Sie wissen aus schmerzlicher Erfahrung, was das zur Folge haben würde. Ihre im Horoskop angezeigten Gefährdungen mögen Ihnen zwar weniger deutlich bewusst sein, sind aber ebenso ernst zu nehmen. Der Wert der Horoskopaussage liegt ja gerade darin, dass sie Ihnen Erkenntnisse über Ihre leibseelischen Anlagen und Gegebenheiten vermittelt, also auch über Ihre physische und psychische Gesundheit und deren mögliche Beeinträchtigungen. Wenn Sie jedoch Ihre Schwachpunkte kennen, können Sie gezielt dagegen angehen und durch vorbeugende Maßnahmen dafür sorgen, dass Anfälligkeiten nicht zu tatsächlichen Erkrankungen und Schädigungen führen. Wir müssen uns hier freilich auf allgemeine Hinweise beschränken, denn die Astromedizin oder medizinische Astrologie ist eine hoch komplizierte Erfahrungswissenschaft, deren Diagnose-

und Therapiemethoden nicht auf wenigen Seiten darstellbar sind.

Die in Ihrem Horoskop angezeigte Gefährdung durch fieberhafte und entzündliche Erkrankungen und Unfallverletzungen findet ihre Entsprechung und Begründung in einem Ihrer Wesenszüge, in Ihrer triebstarken Affektivität. Einem Fieberschub gleich, brechen sich Ihre nicht selten durch Stauungen intensivierten Energien mit drängender Ungeduld nach außen Bahn, im Alltagsleben ebenso wir in Ihren Befindlichkeitsstörungen. Das kann mit so großer Gewalt geschehen, dass der kontrollierende Verstand, der gewöhnlich Ihr Handeln bestimmt, weitgehend ausgeschaltet wird und unbedachte Impulshandlungen zu Schädigungen führen, und das umso eher, als Sie meist weder sich selbst noch anderen gegenüber sehr zimperlich sind. Es hat seinen guten Grund, warum ausgerechnet der kriegerische, ungestüme Mars als »Planetenherrscher« im Zeichen Skorpion gilt.

Auch die Betonung einer Gefährdung der Zeugungsorgane, wie sie durch Ihr Sonnenzeichen und Ihren Planetenherrscher angezeigt wird, spiegelt sich in Ihrer Wesensprägung. Skorpion-Geborene sind ungemein triebstark, nicht nur sexuell, sondern auch in ihrem Drang, hinter die Oberfläche der Erscheinungswelt vorzudringen, die Geheimnisse der Umwelt und der Mitmenschen zu ergründen und einflussnehmend auf sie einzuwirken, um sie gleichsam zeugend mitzugestalten. Diese ergründenwollende und besitzergreifende Einstellung kennzeichnet auch ihre Sexualität, die im Leben von Skorpion-Geborenen eine nahezu zentrale Bedeutung haben kann. Hier hängt sehr viel von der frühkindlichen Entwicklung ab. Übermäßige Tabuisierung ohne Sublimierungsmöglichkeiten hat fast immer eine zeitlebens nachwirkende Fehlentwicklung zur Folge. In der Regel kommt es dann in der Pubertät zu quälenden inneren Konflikten, die sich bei beiden Geschlechtern häufig als Blinddarmaffektion äußern. Auch die spätere Neigung zu Unterleibserkrankungen hat vorwiegend seelische Ursachen, und die dadurch meist bedingte Beeinträchtigung der Liebesfähigkeit führt nicht selten zu einer Aufschaukelung der psychosomatischen Problematik, die noch verschärft werden kann, wenn durch eine entwicklungsbedingte Verarmung der gemüthaften Seiten die emotionale Bindungsfähigkeit gemindert oder erloschen ist.

So selbstsicher, willensstark und geschlossen, wie Sie nach außen häufig wirken, sind Sie in Wirklichkeit selten; meist leiden Sie unter starken inneren Spannungen und Konflikten. Ihre naturgegebene Triebhaftigkeit kann Probleme schaffen, wenn Sie aufgrund von Erziehung oder Entwicklung zur Verdrängung Ihrer Impulse (vorwiegend auf sexuellem Gebiet) neigen, anstatt sie beherrscht zu kanalisieren. Hüten Sie sich davor, Ihre Probleme ständig »wegdrücken« zu wollen, anstatt sich ihnen zu stellen und sie aufzuarbeiten, denn sonst besteht die Gefahr, dass sie untergründig weiterwuchern und immer mächtiger werden. Lassen Sie Ihre starke Ichbezogenheit nicht zum krassen Egoismus ausarten. Bemühen Sie sich um mehr Offenheit, eine verstärkte Hinwendung zur Umwelt und den Mitmenschen, um mehr innere Gelöstheit, aber auch um größere Ehrlichkeit sich selbst gegenüber, was Ihre ureigensten Konflikte angeht. Wenn Sie das beherzigen, können Sie vielleicht manche der genannten Gefährdungen abbauen.

Der Skorpion und sein Beruf

Eigenwille, Ausdauer und Leidenschaft – dies sind die Schlüsselworte Ihrer Skorpion-Energie, die auch für Ihren Beruf gelten. »Alles oder nichts« könnte Ihr Motto lauten. Und dabei lassen Sie sich nur ungern in die Karten schauen. Kaum jemand kann Ihnen anmerken, was in Ihrem Inneren vor sich geht, auch wenn es dort noch so sehr brodelt. Wenn Sie von einer Sache überzeugt sind, die über Ihre persönlichen Belange hinausgeht, verschreiben Sie sich ihr mit Haut und Haaren. Als typischer Vertreter Ihres Tierkreiszeichens besitzen Sie eine große Sensibilität für die dunklen Seiten des Lebens. Sie verfolgen vielerlei Interessen, verfügen über eine große Bandbreite von Begabungen und außergewöhnliche Bewusstseinsschärfe – dies sind Ihre Erfolgsgeheimnisse für den Beruf. In den Augen Ihrer Kollegen gelten Sie als komplizierter Charakter, der schwer zu ergründen ist. Sie wiederum verabscheuen oberflächliche Menschen, denn Sie selbst sind voller Hingabe und neigen dazu, sich zu verausgaben. Sie besitzen eine schier unerschöpfliche Arbeitskraft, zu der sich Ausdauer und Zähigkeit gesellen. Sie gönnen sich selten Pausen und fallen dadurch leicht in Extreme. Grundsätzlich sind Sie aber treu und loyal Ihren Kollegen gegenüber, obwohl Sie die dunkle Seite der menschlichen Seele sehr gut kennen. Sie leisten sich keine romantischen Illusionen, weil Sie zu genau wissen, dass der Mensch bei all seinen guten Eigenschaften zu schlechten Taten fähig ist. Daher rührt auch Ihr gefürchteter Zynismus. Dabei sind Sie im Grunde Ihres Herzens mitfühlend, wenngleich Sie rücksichtslos sein können. Ihr beruflicher Ehrgeiz kann fast missionarische Züge annehmen – Sie wissen eben einfach, wie etwas zu sein hat und wie nicht. Sie blicken hinter die Fassade des äußeren Scheins und Blender durchschauen Sie sofort. In Krisensituationen bewähren Sie sich.

Als Skorpion-Geborener werden Sie vom Mars regiert. Sie brauchen im Beruf eine Aufgabe, bei der Sie gefordert sind und sich voll einsetzen können, aber die Arbeit muss für Sie persönlich sinnvoll sein. Als Wasserzeichen haben Sie zu allem, was Sie tun, eine gefühlsmäßige Bindung. Sie unternehmen nichts mit halbem Herzen. Aktive Mitarbeit und Mitbestimmung sind deshalb im Job äußerst wichtig für Sie, damit Ihre Widerstandskraft gefordert und unter Beweis gestellt wird. Nur ein Beruf, der Extremes von Ihnen verlangt, eignet sich für Sie.

Man kann Sie überall einsetzen, wo Engagement und Einsatzbereitschaft gefragt sind. Aufgaben und Projekte, die sich mit Ihren eigenen Idealen und Vorstellungen decken, werden kämpferisch durchgezogen. Ihr Arbeitseinsatz wird von Ihren Vorgesetzten hoch geschätzt und bewundert, allerdings gelten Sie auch als unbequem, denn Sie scheuen nicht vor Kritik und bohrenden Fragen zurück. Sie besitzen ein feines, unbestechliches und präzises Gespür dafür, wo die wunden Punkte Ihrer Company liegen – woraus Sie auch keinen Hehl machen. Diplomatie und Fingerspitzengefühl sind Ihnen aus astrologischer Sicht nicht gerade in die Wiege gelegt worden, dafür dominiert Ihre rücksichtslose Offenheit.

Sollten Sie eine leitende Position innehaben, gelten Sie als guter Chef. Bedingungslos stellen Sie sich auf die Seite Ihrer Mitarbeiter. Tauchen Probleme auf und wird Unterstützung benötigt, dann sind Sie sofort zur Stelle. Wer allerdings faul ist und nur halben Einsatz bringt, hat bei Ihnen keine Chance. Da sind Sie unnachgiebig und bleiben hart. Wer keine ganze Arbeit leistet, fliegt.

Sie gelten als eines der unergründlichsten Sternzeichen des ganzen Tierkreises. Tabus und Abgründe sind Ihnen nicht fremd – ganz im Gegenteil. Wo andere nicht hinschauen, erwacht Ihr Forschergeist. Das Thema Macht ist für Sie grundsätzlich von großer Bedeutung – vor allem im Beruf. Denken Sie immer daran, dass Toleranz eine wunderbare menschliche Tugend ist, die man in das eigene Leben integrieren sollte. Und noch etwas: Manchmal genügt ein Lächeln, um Berge zu versetzen, auch im Job …

Das Tierkreiszeichen Skorpion ist ein Wasserzeichen. Das Element Wasser steht für den emotionalen und intuitiven Bereich. Es ist der Ursprung allen Lebens. Unberechenbar in seinem Fluss, kann es durch nichts aufgehalten werden. Das Wasser besitzt aber auch eine spirituelle Dimension als Träger der göttlichen, allumfassenden Liebe.

Medizin: Alle Berufe, die im weitesten Sinn mit Heilen zu tun haben: Arzt bzw. Ärztin, hier vor allem folgende Spezialgebiete: Röntgenfacharzt, Urologe, Gynäkologe, Chirurg, Notfallchirurg, aber auch Heilpraktiker und Akupunkteur.

Metallverarbeitung: Alle Berufe, die mit der Eisenverarbeitung zu tun haben: Karosseriebauer, Fräser, Schweißer, Mechaniker, Monteur, Dreher, Schlosser.

Recht und Gesetz: Rechtsanwalt, Richter, Vollzugsbeamter, aber auch Sicherheitsdienst, Detektiv, Profiler, Kriminalbeamter, Sozialarbeiter im Bereich Resozialisierung

Sport: Alle Berufe, bei denen physische Stärke und Widerstandskraft gefordert sind wie Rennfahrer, Stuntman, Kunstturner und Skifahrer.

Psychologie: Psychoanalytiker, Psychologe, Coach

Forschung: Gebiete, wo es um verborgene Bereiche geht: Höhlenforscher, Archäologe.

Der Skorpion in seiner Freizeit

Da Sie als typischer Vertreter Ihres Tierkreiszeichens dafür prädestiniert sind, sich Extremen auszusetzen, sollten Sie sich in Ihrer Freizeit einen Ausgleich schaffen, um in Harmonie mit Ihren inneren Kräften und Potenzialen zu bleiben. Es ist für Sie wichtig, ein positives Lebensgefühl zu entwickeln, um mit sich in Einklang zu sein.

Obwohl Sie als Skorpion über schier unerschöpfliche Kraftreserven verfügen und bis an die Grenze Ihrer Belastbarkeit gehen, sind Sie nicht unbedingt ein Sportfan. Manche Skorpione gehen regelrecht lieblos mit Ihrem Körper um und bemerken ihn erst, wenn er Warnsignale aussendet. Allerdings neigen Skorpion-Geborene manchmal auch dazu, Ihren Körper extrem zu überfordern, als bräuchten Sie einen Kick, um ihn zu spüren. Sie müssen kein Anhänger von Mutters Pezzi-Ball sein, um etwas Gutes für Ihre Gesundheit zu tun, aber vielleicht heben Sie sich die riskanteren sportiven Unternehmungen wie Freeclimbing oder Kanurafting doch für den Urlaub auf – wo Sie unter Anleitung in einer Gruppe Gleichgesinnter trainieren können.

Wenn Sie die Herausforderung in Ihrer Freizeit suchen, sind für Sie fernöstliche Kampftechniken wie Aikido, Karate, Judo oder Zen-Bogenschießen geeignet. Da Sie über Ausdauer verfügen, sollten Sie es vielleicht auch einmal mit einem Yoga-Work-out probieren. Täuschen Sie sich nicht – Yoga für Fortgeschrittene hat es in sich, vor allem, wenn man über wenig Praxis verfügt.

Überhaupt sollten Sie als Skorpion-Geborener in Ihrer Freizeit zweigleisig fahren. Suchen Sie Beschäftigungen und Hobbys, die wie Balsam für Ihre Seele wirken, und gehen Sie trotzdem Ihren Leidenschaften nach. Wenn Sie spüren, dass Sie körperlich und seelisch aus dem Gleichgewicht geraten sind, versuchen Sie es doch einfach mal mit Akupunktur. Durch die Harmonisierung der Meridiane, der sogenannten Leitbahnen, durch die die Lebensenergie fließt, werden störende Blockaden beseitigt, die Ihre Aktivität lähmen.

Wenn Ihnen der Sinn danach steht, sollten Sie sich trotzdem den Sportarten widmen, die Sie herausfordern. Spielen Sie Eishockey oder Rugby, und trainieren Sie für einen Marathonlauf. Lernen Sie aber, darauf zu achten, wann Sie an Ihre Grenze gehen und Ihren Körper überfordern. Hören Sie auf seine Bedürfnisse, sonst schaden Sie sich selbst.

Sie dürfen sich nun keinen imaginären Zeigefinger vorstellen, der Ihnen verbietet, Ihre persönlichen Neigungen auch in Ihrer Freizeit auszuleben. Sie sind ein schöpferischer, hochintelligenter und eigensinniger Zeitgenosse, der sich wenig um die Meinung der anderen schert – und dies sollten Sie auch für Ihre Hobbys gelten lassen. So manchem Menschen kommen Ihre Vorlieben ein wenig unheimlich vor, aber es zieht Sie nun mal zu den Extremen. Vielleicht verbringen Sie gern einen Abend in einem Nachtklub. Vermutlich träumen Sie auch davon, in einem Hinterzimmer eine Runde Poker zu spielen – selbstverständlich mit riskant hohem Einsatz. Es ist buchstäblich die Nachtseite des

Lebens, die Sie fasziniert und die Sie mit Ihrem leidenschaftlichen Forschergeist ergründen möchten.

Ihre Vorlieben liegen jenseits des Mainstreams oder dem, was gemeinhin als bürgerlich anständig gilt. Dabei verstehen Sie sich nicht als Provokateur.

Zu Ihren Lieblingsbeschäftigungen gehört auch das Kino, wo Sie Spionagefilme oder Psychothriller bevorzugen. Es sind die Abgründe der menschlichen Seele, die Sie faszinieren, und Ihre schlummernden psychologischen Talente zum Vorschein bringen. Sie verspüren nun einmal den Drang, in die feinsten Verästelungen eines Charakters einzutauchen.

Sie sind natürlich kein Gruftie, aber Friedhöfe sind für Sie besonders inspirierende Orte, an denen Sie über den Sinn des Lebens, über Sterben und Wandlung nachdenken. Unternehmen Sie von Zeit zu Zeit einen Spaziergang dorthin, der Ihrem Geist gut tun wird.

Ihre literarischen Interessen sind breit gestreut. In Ihrer Bibliothek finden sich philosophische Werke neben Klassikern wie Goethe und Schiller, aber Sie haben auch eine Vorliebe für erotische Literatur und esoterische Schriften. Sie sind von dem Wunsch angetrieben, in die Tiefe abzutauchen, wo andere ängstlich am Ufer stehen bleiben. Zu Ihrem astrologischen Naturell gehört es, die Wahrheit zu entdecken, und die findet sich nicht an der Oberfläche des schönen Scheins.

Aber es kann Sie in Ihrer Freizeit auch zu künstlerischen Tätigkeiten hinziehen. Um auch die körperlichen Kräfte zum Einsatz zu bringen, eignet sich hier vor allem die Bildhauerei. Besorgen Sie sich entsprechende Materialien wie Holz und entsprechendes Werkzeug und schnitzen Sie eine Skulptur. Auch das Arbeiten mit einem preiswerten Werkstoff wie Gips ist für das plastische Schaffen geeignet. Ein anderer Tipp: Gehen Sie auf einen Schrottplatz, und suchen Sie sich Eisenteile zusammen, aus denen Sie eine Collage oder eine dreidimensionale Komposition herstellen können.

Da Sie über die Wandlungsfähigkeit der menschlichen Seele im Guten wie im Schlechten Bescheid wissen, könnten Sie es mit der Schauspielerei probieren. Vielleicht schließen Sie sich in einer freien Theatergruppe an oder belegen einen entsprechenden Kurs, der für Laien gedacht ist. Hier können Sie in eine fremde Rolle schlüpfen und diese in all Ihren Facetten ausleben.

Nicht zuletzt ist es die Musik, die Ihre Lebensgeister weckt. Dabei bevorzugen Sie vermutlich begeistert Musikrichtungen, die Ihren Mitmenschen eher aufs Gemüt schlagen, aber das macht nichts. Techno-Beat oder Heavy-Metal-Klänge – als Skorpion ist Ihnen Musik niemals ein Nebengeräusch, sondern Sie wollen sich ganz und gar auf sie einlassen.

Reise-Horoskop für den Skorpion

Als typischer Vertreter Ihres Zeichens wissen Sie genau, was Sie wollen. Deshalb handeln Sie schnell und entscheiden sich spontan für ein Reiseziel. Da kann Sie auch niemand umstimmen, denn Sie setzen sich in der Regel durch. Man sagt Ihnen eine starke sexuelle Ausstrahlung und Leidenschaftlichkeit nach (was sollte da im Urlaub noch schiefgehen?). Außerdem verfügen Sie über die Gabe, das Leben zu genießen und das Beste aus allem zu machen. Ein Urlaub mit Ihnen wird eine vergnügliche und turbulente Zeit sein.

Ob Campingtrip oder eine Nacht im Luxushotel – als Skorpion können Sie sich für alles begeistern, Hauptsache es ist etwas Besonderes. Durchschnittlichkeit und Trivialität verachten Sie. Wenn Sie sich langweilen, sollte man besser das Weite suchen. Eine durchorganisierte Pauschalreise bietet Ihnen zu wenig Reiz, und bei einer Gruppenreise fürchten Sie um Ihre Individualität. Getreu Ihrem Motto »Alles oder nichts« werden Sie zu einem Extremurlaub tendieren.

Mit dem Motorrad über die Anden, eine Wüstendurchquerung mit dem Jeep oder eine Grand-Canyon-Rafting-Tour verschaffen Ihnen das intensive Erlebnis, das Sie brauchen. Furcht und Zurückhaltung sind Fremdworte für Sie. Ein nächtlicher Bummel durch die gefährlichsten Rotlichtviertel dieser Welt ist daher sicher ganz nach Ihrem Geschmack.

Auch beim Essen lieben Sie das Extreme: Japanische Küche, makrobiotische Ernährung oder sehr scharfe Speisen erfreuen ihren Gaumen. Und da Sie die Herausforderung lieben, schrecken Sie auch vor landestypischen Leckereien wie frittierten Käfern oder Schlangenragout nicht zurück.

Ihr Hang zur Provokation macht sich auch an Ihrem Outfit bemerkbar: Ihre Kleidung mag zwar zweckmäßig sein, zumindest ist sie ausgefallen – Hauptsache Sie entsprechen nicht der Norm.

Als typischer Skorpion haben Sie ein großes Interesse an allen Themen, die sich mit Leben und Tod befassen. Ein religionswissenschaftliches Buch, eine Schrift von Sigmund Freud oder ein esoterisches Wochenblatt könnten sich in Ihrem Reisegepäck befinden. Ebenso wie ein einschlägiges Hochglanz-Herrenmagazin oder ein spannender Spionageroman.

Apropos Spannung: Selbst in den schönsten Wochen des Jahres möchten Sie unter Hochspannung stehen. Wie wäre es mit einem Kameltrekking durch die Wüste Libyens? Da Unterirdisches Sie fasziniert, könnten Sie sich die weltberühmten Höhlen von Lascaux im französischen Dordogne-Tal anschauen. Auch ein Tauchurlaub in Ägypten könnte Ihnen gefallen.

Aber: Ob am Lagerfeuer oder in der Nobelherberge – in der Fremde machen Sie immer eine gute Figur.

So fühlt sich der Skorpion wohl

Da wir die Welt sinnlich wahrnehmen, ist die Gestaltung unserer Umgebung ein wichtiger Faktor, damit wir seelisch und körperlich im Gleichgewicht bleiben. Wenn wir unsere Sinne positiv beleben, bleiben wir in Balance und schöpfen Kraft aus uns selbst. Das Element des Skorpions ist das Wasser, sein Planet der Mars, seine Temperamentstruktur phlegmatisch. Seine Jahreszeit umfasst den Spätherbst, wenn die Natur abstirbt und Nebel sich über das Land legt.

Farben

Die astrologische Farbpalette des Skorpions symbolisiert diese Jahreszeit.

Im asiatischen Glauben gilt Schwarz als allumfassende, ursprüngliche Farbe. Das islamische Heiligtum Kaaba ist ein Stein, der mit einem schwarzen Tuch bedeckt ist. Im christlichen Glauben ist es die Farbe der irdischen Trauer. Astrologisch symbolisiert Schwarz die unnachgiebige Seite des Skorpions. Schwarz steht auch für Macht und den Umgang mit ihr, was für den Skorpion ein Lebensthema ist.

Rot ist eine sehr mächtige Farbe, die zweierlei symbolisieren kann: Blut und Feuer. Es ist die Farbe der Liebe und der Lebenskraft, aber auch der elementaren Leidenschaften wie Erotik, Sexualität bis hin zu Wut und Hass. Diese Farbe umfasst eine Reihe extremer Bedeutungen, die sich alle in der Skorpion-Natur widerspiegeln. Sie ist eine typische Skorpion-Farbe, die der Feuerkraft dieses Zeichens entspricht und ihm den Willen verleiht, über sich hinauszuwachsen. Rot verkörpert die Macht der Leidenschaft und das innere Feuer.

Braun erinnert uns in allen Schattierungen an die Erde. Braun bedeutet Stabilität und Sicherheit. Braun in Kombination mit Rot und Schwarz schenkt dem Skorpion einen verlässlichen Boden, auf dem er seine immensen Potenziale wie Intensität, Energie, Leidenschaft, Mut und Intelligenz ins Leben holen kann. Diese Farbe erinnert ihn auch immer daran, dass er sich erden muss, wenn er seine hoch gesteckten Ziele erreichen will.

Wenn Sie sich in Ihrer Wohnung mit Accessoires oder Gegenständen in diesen Farben umgeben, werden Sie schon bald eine entsprechende Stimmung spüren. Sie können dies durch Bilder oder Poster an der Wand tun, eine Vase mit Blumen oder Sofakissen in den erwähnten Farben. Je nachdem, wie intensiv Sie diese Farben einsetzen, können Sie eine wohltuenden Atmosphäre erzeugen.

Wenn Sie die Stimmung und das Verhalten Ihrer Umgebung im Sinne Ihres Tierkreiszeichens beeinflussen möchten, wählen Sie Ihre Kleidungsstücke in den Skorpion-Farben aus. Man sollte es aber nicht übertreiben. Oft genügen Accessoires wie ein Schal, ein Schmuckstück oder ein einzelnes Kleidungsstück.

Der Skorpion in seinen vier Wänden

Unsere Wohnung ist unser Rückzugsort, an dem wir entspannen, loslassen und ganz wir selbst sein können. Deshalb ist es wichtig, dass wir sie unseren Bedürfnissen und auch astrologischen Charaktereigenschaften entsprechend gestalten, um uns wohlzufühlen. Als Skorpion sind Sie auch in Ihrer Wohnungseinrichtung konsequent. Sie sind kein Anhänger eines bestimmten Stils, sondern Sie entwickeln Ihr eigenes Konzept, das Sie konsequent umsetzen. Sie orientieren sich nicht an Trends, sondern setzen kompromisslos Ihre eigenen Ideen um, die Ihre Persönlichkeit widerspiegeln. Sie sind nun einmal anders als Ihre Zeitgenossen – geheimnisvoll, charismatisch und vor allem mutig. Sie stehen zu Ihren Gefühlen. Wie wäre es mit folgendem Motto für Ihr Ambiente: »La Vie en Rouge«? Ihre Wände sind in Gelborange gestrichen – einer Farbe, die Ihre Sinneslust weckt. Ihre extravaganten Neigungen spiegelt ein goldfarbener Konsoltisch wider. Grün ist in der Farbpsychologie unter anderem die Farbe der Entspannung: Setzen Sie Akzente durch Blattpflanzen, Kissen oder Bettwäsche.

Beim Arbeiten sind Sie allerdings kompromisslos. Hier kommt Ihre sprichwörtliche Strenge zum Ausdruck. Umgeben Sie sich mit Goldgelb, das Ihnen helfen kann, von logisch auf sinnlich umzuschalten. Als Skorpion fühlen Sie sich vor allem von dunklen Rottönen angezogen. Setzen Sie Akzente durch Kissen, eine Vase oder mit einem Briefbeschwerer.

Da Sie von Ihrem astrologischen Naturell her zu Extremen neigen, könnte Ihnen aber auch folgende Variante gefallen, die eine weitaus weniger dramatische Atmosphäre erzeugt – nämlich der puristische Zen-Stil. Weiße Wände mit wenigen, ausgewählten Grafiken, die reduzierte Motive zeigen. Das Mobiliar besticht durch klare Linien wie etwa ein schlichter Esstisch in Teakholz, auf dem eine weiße Vase mit einem Kirschzweig platziert ist. Eine Reispapierlampe spendet sanftes Licht. Sie können natürlich auf Sitzgelegenheiten verzichten und sogenannte Tatamis auf dem Boden ausbreiten. Dies sind rechteckige, schwarz gesäumte Bodenmatten aus Schilf oder Bast.

Als Skorpion sollten Sie sich merken: Alles ist erlaubt – Hauptsache es passt in Ihr persönliches Konzept!

Die Tierkreiszeichen und ihre symbolischen Zuordnungen

Tierkreiszeichen	Planet	Farben	Metall
Widder	Mars	Rot, Kadmiumgelb	Eisen
Stier	Venus	Gelb, Pastellblau, Hellgrün	Kupfer
Zwillinge	Merkur	Violett, Safrangelb	Quecksilber
Krebs	Mond	Grün, Silber, Weiß	Silber
Löwe	Sonne	Orange, Gold, Gelb	Gold
Jungfrau	Merkur	Violett, Hellblau, Weiß	Quecksilber
Waage	Venus	Gelb, Pink, Pastelltöne	Kupfer
Skorpion	Mars	Rot, Braun, Schwarz	Eisen
Schütze	Jupiter	Blau, Purpur, warmes Braun	Zinn
Steinbock	Saturn	Indigo, Dunkelgrün Schwarz, Brau	Blei
Wassermann	Uranus	Indigo, Violett, irisierende Farben	Blei, Alumini Radium
Fische	Neptun	Blau, Violett, Weiß, schillernde Farben	Platin, Zinn

Edelsteine	Zahlen	Wochentag
in, Jaspis, Granat, Diamant, ethyst	Neun	Dienstag
at, Smaragd, Saphir, Lapislazuli, kis, Karneol	Fünf und Sechs	Freitag
as, Bergkristall, Aquamarin, dberyll	Fünf	Mittwoch
tall, Smaragd, Opal, Mondstein, en	Zwei und Sieben	Montag
in, Diamant, Hyazinth, Gold-as, Tigerauge	Eins und Vier	Sonntag
is, Achat, Karneol, Topas, nalin	Fünf	Mittwoch
nant, Beryll, Lapislazuli, Türkis, alle, Perlen	Fünf und Sechs	Freitag
as, Malachit, Jaspis, Rubin, lonyx	Neun	Dienstag
kelblauer Saphir, Türkis, ethyst, Lapislazuli, Granat	Drei	Donnerstag
x, Gagat, Chalzedon, Karneol, ysopras, schwarze Perlen	Acht und Fünfzehn	Samstag
hir, Amethyst, Bernstein, amarin, Chalzedon	Acht und Fünfzehn	Samstag
ysolith, Saphir, Topas, Opal, mutt, Kristalle	Drei	Donnerstag

Der Einfluss des Aszendenten

Die Astrologen. Titelbild von 1596

Der Aszendent, d. h. das Tierkreiszeichen, das im Augenblick der Geburt am östlichen Horizont steht, ist wegen seiner starken Prägekraft ungemein wichtig; zusammen mit dem Sonnenzeichen liefert er die bedeutsamsten Aussagen, die sich aus einem Geburtshoroskop ableiten lassen. Ohne Berücksichtigung des Aszendenten sind individuelle Deutungen nur unvollkommen.

Um Ihren persönlichen Aszendenten ermitteln zu können, müssen Sie natürlich wissen, zu welcher Zeit Sie geboren sind, weil im Laufe eines Tages alle zwölf Tierkreiszeichen am Osthorizont aufgehen. In dem Kapitel »Mein persönlicher Aszendent« können Sie nachlesen, wie Sie Ihre Geburtszeit in Ortszeit umrechnen. Dann brauchen Sie nur noch auf der Grafik

Ihres persönlichen Geburtsdatums bei der ermittelten Zeit Ihren Aszendenten abzulesen.

Der Aszendent ist die Grundlage von Aussagen, die individueller sind als die nur aus dem Sonnenstand abgeleiteten, denn während das Sonnenzeichen Skorpion allen Menschen gemeinsam ist, die zwischen Ende Oktober und Ende November geboren sind, wird der Aszendent durch den Zeitpunkt und den Ort der Geburt jedes Einzelnen bestimmt. Seine volle Bedeutung gewinnt er freilich erst bei gradgenauer Festlegung als Richtpunkt jenes Häusersystems, das als »Feinraster« für alle Gestirnstände und Konstellationen im Geburtshoroskop ganz persönliche Deutungsmöglichkeiten bietet. Die hierfür erforderlichen Berechnungen und die daraus abzuleitenden Aussagen müssen wir allerdings den Fachastrologen überlassen.

Der Aszendent beeinflusst die Prägung durch das Sonnenzeichen mehr oder weniger stark, kann bestimmte Tendenzen verstärken oder abschwächen. Inwieweit dies bei Ihnen der Fall ist, können Sie in diesem Kapitel nachlesen.

Aszendent Widder

Der Einfluss dieses Aszendenten steigert Ihre geistige Beweglichkeit und die Vielfalt Ihrer Interessen. Obwohl Ihre Ichbezogenheit eher noch verfestigt wird, sind Sie doch stärker nach außen gewandt als der »reine« Skorpion-Typ, sind offener für Impulse aus der Umwelt und auch Ihrerseits mehr dazu bereit, auf die Mitmenschen zuzugehen. Zwar verschließen Sie die Tiefen Ihrer empfindsamen und gleichzeitig leidenschaftlichen Gefühlswelt sorgfältig vor fremder Neugier, aber auf intellektueller Ebene sind Sie durchaus kontaktwillig. An einer kumpelhaften Geselligkeit liegt Ihnen freilich wenig, aufdringliche Nähe geht Ihnen gegen den Strich. Sie bleiben immer ein wenig auf Distanz, warten ab, was auf Sie zukommt, beobachten scharf und kritisch, analysieren Situationen und Menschen genau und lassen sich mit Ihren Reaktionen Zeit. Sie sind auf Beachtung und Anerkennung bedacht und zögern nicht, eine führende Rolle zu übernehmen, denn Sie wissen, dass Sie mit Ihrem großen Kraftpotenzial und Ihrem Durchsetzungsvermögen auch schwierigen Aufgaben gerecht werden können. Obwohl sie grundsätzlich mit Bedacht und Methodik vorgehen, sind Sie nicht sonderlich diplomatisch und halten mit Ihrer manchmal überzogenen Kritik nicht zurück, wodurch Sie sich vermutlich immer wieder Ärger einhandeln. Ihre Zielsetzungen sind wirklichkeitsbezogen und werden von Ihnen energisch verfolgt, wobei Sie manchmal zu wenig Rücksicht auf die Interessen anderer nehmen. Alles in allem sind Sie jedoch keineswegs ein krasser Egoist, auch wenn Ihre Kompromissbereitschaft begrenzt ist. Wenn Sie gebraucht werden, sind Sie stets hilfsbereit. Mit Ihrem scharfen Verstand und Ihrer großen Energie können Sie vor allem in praktischen Belangen auch sehr knifflige Probleme lösen. Zum gefährlichen Gegner werden Sie, wenn Sie erkennen oder glauben, dass Ihnen Unrecht geschehen ist, denn dann schlagen Sie erbarmungslos und manchmal unfair zurück.

Aszendent Stier

Vorsichtig abwartende Zurückhaltung ist die Grundeinstellung, mit der Sie der Umwelt begegnen. Sie sind weder sehr spontan noch sonderlich mitteilsam, legen eine höfliche Verbindlichkeit an den Tag, sind mit Gefühlsäußerungen ungemein sparsam. Von sich aus bahnen Sie nur selten Kontakte an, sondern warten, bis andere auf Sie zukommen, und auch dann wahren Sie in der Regel noch lange eine gewisse Distanz. An oberflächlicher Geselligkeit liegt Ihnen wenig, weil solche Kontakte Ihnen nichts bringen und von Ihnen als Zeitverschwendung angesehen werden. Als Freund und Partner jedoch sind sie meist verlässlich, fürsorglich, hilfs- und opferbereit und sehr auf die Stabilität der Bindung bedacht. Aus diesem Grund zeigen Sie sich in engen Beziehungen ungemein besitzergreifend und eifersüchtig, was den Freiraum des Partners stark einengen kann. Das ist nicht böse gemeint und wird Ihnen nicht bewusst, da Sie Ihrerseits für sich nur wenige Freiheiten beanspruchen und die Absicherung von Beziehungen für Sie wegen Ihrer Kontaktverhaltenheit ungemein wichtig ist. Der Einfluss Ihres Aszendenten steigert Ihr Energiepotenzial und Ihre zähe Ausdauer, aber auch Ihre Konzentrationskraft und Ichbezogenheit. Etwas abgeschwächt sind Ihre Selbstsicherheit und Ihr Durchsetzungsvermögen, denn Ihre ausgeprägte Gefühlsabhängigkeit birgt die Gefahr von verunsichernden und leistungshemmenden Stimmungsschwankungen und Launen. Dennoch sichern Ihre positiven Anlagen materiellen Erfolg, und da Sie Erworbenes gut zusammenhalten, können Sie im Laufe der Zeit höchstwahrscheinlich eine beachtliche berufliche und soziale Position erlangen.

Aszendent Zwillinge

Der Einfluss dieses Aszendenten mindert Ihre Verhaltenheit, macht Sie kontaktbereiter und mitteilungsfreudiger. Sie geben sich umgänglicher, legen eine verbindliche Freundlichkeit an den Tag und sind offener für Impulse aus der Umwelt. Sie warten nicht unbedingt vorsichtig ab, bis man auf Sie zugeht, sondern ergreifen manchmal auch von sich aus Initiativen. Dennoch lassen Sie sich kaum je von unüberlegten Impulsen zu voreiligem Handeln hinreißen, sondern planen gründlich und vorausschauend. Unkalkulierbare Risiken gehen Sie nicht ein. Ihr beachtliches Kräftepotenzial setzen Sie mit Nachdruck und sehr zielgerichtet ein, um den von Ihnen erstrebten beruflichen und sozialen Status zu erlangen, doch sind insgesamt Ihre Interessen breiter gestreut als beim »reinen« Skorpion-Typ, sodass ehrgeiziges Streben nach Aufstieg und einer gut abgesicherten Position nur selten Ihr ganzes Planen und Handeln bestimmt. Trotz Ihrer größeren Offenheit halten Sie sich mit Gefühlsäußerungen zurück, wirken nicht selten ziemlich kühl, nüchtern und abweisend. Das hängt nicht zuletzt mit Ihrer großen inneren Verletzlichkeit zusammen, dann Sie sind keineswegs so dickfellig, wie Sie gelegentlich erscheinen, sondern reagieren ungemein empfindlich auf Vertrauensbruch, Enttäuschungen und tatsächliche oder vermeintliche Ungerechtigkeiten. Zum Teil »schlucken« Sie diese Negativerfahrungen, was Ihre Gesundheit beeinträchtigen kann, doch häufiger schlagen Sie zurück. Das muss nicht sofort geschehen, denn Sie vergessen nichts, sondern können den »Übeltäter« zu einem Zeitpunkt überraschen, an dem für diesen schon längst Gras über die Sache gewachsen ist.

Aszendent Krebs

Sie sind stark introvertiert, auf sich und Ihre unmittelbare Umwelt bezogen. Gefühle spielen in Ihrem Leben eine große Rolle, doch verfügen Sie auch über einen wachen Intellekt, der freilich viel mehr in die Tiefe als in die Breite geht. Sehr stark ist Ihr Konzentrationsvermögen. Sie können sich in Aufgaben regelrecht verbohren, sind bestrebt, allem auf den Grund zu gehen, zu erforschen, was hinter der Oberfläche des äußeren Scheins liegt. Dabei verlassen Sie sich nicht nur auf Ihren analytischen Verstand, sondern setzen auch Ihr feinfühliges, intuitives Gespür ein, das Ihnen oft tiefere Einblicke gewährt, als scharfes Denken es vermag. Ihr Selbstwertgefühl ist weniger stabil als beim »reinen« Skorpion-Typ; durch Fehlschläge und Enttäuschungen lassen Sie sich verunsichern, sodass Selbstzweifel Ihre Aktionsbereitschaft lähmen. Auch auf Ihre Gefühlslage wirkt sich das aus: Sie verschließen sich noch mehr nach außen, als Sie es ohnehin schon tun, versinken in finsteres Brüten, werden missmutig und launisch. Im entgegengesetzten Sinn sind Sie ebenfalls stärker beeinflussbar, als man zunächst annehmen möchte: Lob und Anerkennung der Mitwelt spornen Sie ungemein an, geben Ihnen Auftrieb, heitern Sie auf. Sie sind zwar in Ihrem Leistungsvermögen nicht konstant, da stark stimmungsabhängig, aber da Sie vorsichtig und vorausschauend planen und gesteckte Ziele mit sehr viel Energie ansteuern, gelingt es Ihnen mit großer Wahrscheinlichkeit, die stabile materielle Lebensbasis zu schaffen, die für Ihr stark vom Sicherheitsdenken bestimmtes Lebensgefühl wichtig ist. Mehr als an einem umfangreichen Bekanntenkreis liegt Ihnen an wenigen, aber stabilen Bindungen, die Sie mit viel Hingabe zu vertiefen und mit eifersüchtiger Wachsamkeit abzusichern suchen.

Aszendent Löwe

Ein starkes Selbstbewusstsein und ein großes Kräftepotenzial zeichnen Sie aus. Ihr Auftreten ist energisch und selbstsicher, manchmal auch schroff und herrisch. Im zwischenmenschlichen Umgang sind Sie zwar meist freundlich und hilfsbereit, wahren aber eine gewisse Distanz und zeigen nur selten Gefühle. Sie legen Wert darauf, Beachtung und Anerkennung zu finden, eine herausgehobene berufliche und soziale Position zu erringen. Um dieses Ziel zu erreichen, sind Sie zu harter Arbeit und qualitätvoller Leistung bereit. Sie stellen hohe Anforderungen an sich selbst, aber auch an Ihre Mitmenschen, und werden rasch ungeduldig und ungerecht, wenn man Ihren Ansprüchen nicht genügt. Arbeit ist Ihnen jedoch nicht alles im Leben; Sie schätzen die Annehmlichkeiten des Daseins und den kultivierten Genuss, den Ihr Erfolg Ihnen ermöglicht, wobei die körperliche Liebe eine nicht unwesentliche Rolle spielt. Sie sind trieb- und willensstark, sodass bei entsprechenden Gegebenheiten Ihres persönlichen Horoskops Gewalttendenzen nicht auszuschließen sind. Vor Übersteigerungen Ihres Machtwillens kann Sie freilich Ihr gesunder Menschenverstand bewahren, der Sie erkennen lässt, wie weit ein Ausspielen Ihrer Potenziale Ihnen zum Vorteil gereicht. Auseinandersetzungen weichen Sie im Bewusstsein Ihrer Kräfte nicht aus, doch sollten Sie bedenken, dass zu viel Streitlust Ihnen sehr schaden kann. In einer engen Bindung sind Sie verlässlich und treu, aber meist übermäßig besitzergreifend und eifersüchtig. Nicht selten sperren Sie Ihren Partner in einen goldenen Käfig ein, belohnen ihn jedoch für treues Ausharren und bedingungslose Zuwendung mit viel Fürsorge und leidenschaftlicher Liebe.

Aszendent Jungfrau

Sie planen sorgfältig und handeln methodisch, sodass Sie ihr großes Energiepotenzial sehr effizient umsetzen können. Ihre systematische Vorsicht bewahrt Sie vor Irrwegen und Fehlschlägen. Stets auf Absicherung bedacht, bauen Sie auf soliden Fundamenten auf und bleiben mit Ihren Zielsetzungen im Rahmen des praktisch Machbaren, sodass ein Erfolg Ihrer Bemühungen gleichsam vorprogrammiert ist. Vielleicht brauchen Sie länger als andere, um an Ihre Ziele zu gelangen, aber dafür ist es umso wahrscheinlicher, dass Sie erreichen, was Sie anstreben. Diese langsamere Gangart ist sinnvoll für Sie, da Sie Fehlschläge nur schwer verkraften und sich durch Selbstzweifel in Ihrer Leistungsbereitschaft beeinträchtigen lassen. Andererseits sind Sie recht hartnäckig und werfen, wenn Sie auf Hindernisse stoßen, die Flinte nicht vorschnell in Korn; wenn sich die Hemmnisse weder durch methodisches Taktieren noch durch geballten Krafteinsatz wegräumen lassen, nehmen Sie notfalls einen neuen Anlauf. Nach außen wirken Sie sehr verhalten und kühl. Sie zeigen kaum Gefühle und sind nicht sonderlich gesellig. Sie beobachten scharf und sind mit kritischen Äußerungen schnell bei der Hand, wodurch Sie natürlich nicht nur Freunde machen. Sie legen wenig Wert auf einen großen Bekannten- und Freundeskreis und konzentrieren sich lieber auf einige wenige Bindungen, in denen Sie sich als verlässlicher, fürsorglicher und treuer Partner erweisen. Sie sorgen für Absicherung und Stabilität und geben nicht vorschnell auf, wenn Probleme auftauchen. In solchen Bindungen sind Sie auch meist fähig, sich einem anderen zu öffnen und ihn spüren zu lassen, welche leidenschaftlichen Gefühle hinter Ihrer so verhaltenen Fassade verborgen sind.

Aszendent Waage

Der Einfluss dieses Aszendenten bewirkt eine stärkere Hinwendung zur Außenwelt und ein gesteigertes Kontaktbedürfnis. Sie gehen offener auf Ihre Mitmenschen zu, sind mitteilsamer und umgänglicher, auch wenn man Sie nur selten als ausgesprochen gesellig bezeichnen kann. Großen Wert legen sie darauf, von anderen beachtet und anerkannt zu werden. Deshalb ist Ihre Leistungsbereitschaft am größten, wenn Sie wissen, dass Ihr Tun in der Umwelt eine Resonanz findet. Sie sind zwar gefühlsorientiert, lassen sich aber in Ihrem Planen und Handeln weitgehend von Ihrem wachen, kritischen Verstand leiten, der für wirklichkeitsbezogene Zielsetzungen sorgt. Sie sind weder sehr spontan noch sonderlich entschlussschnell, da gründliches Vorprüfen und sorgfältiges Abwägen allem Ihrem Tun vorgeschaltet ist. Sie sind willensstark, doch selten stur, beziehen feste Standpunkte, gehen aber auf überzeugende Gegenargumente ein, besonders wenn Sie merken, dass Ihnen ein Positionswechsel auf lange Sicht Vorteile bringt, denn Ihre Interessen wissen Sie recht gut zu wahren, ohne deshalb ein wetterwendischer Egoist zu sein. Konflikten weichen Sie nach Möglichkeit aus, nicht aus Feigheit, sondern weil Sie Streitereien als meist nutzlose Kraftvergeudung betrachten, und mit Ihren Kräften gehen Sie haushälterisch um. Auf tatsächliche oder vermeintliche Zurücksetzungen und Ungerechtigkeiten reagieren Sie empfindlich; nicht selten erwacht in Ihnen Rachsucht, und Sie schlagen hart zurück. Manchmal sind Sie zu sehr abhängig von äußerer Zustimmung, vom Beifall der Mitmenschen. Denken Sie daran, dass übelwollende Schmeichler diese Abhängigkeit zu Ihrem Schaden ausnützen könnten.

Aszendent Skorpion

Wenn Sonne und Aszendent zum Zeitpunkt der Geburt sich im gleichen Tierkreiszeichen befinden, wird dessen Prägekraft im Positiven wie im Negativen verstärkt. Sie sind sehr willensstark und eigenwillig, verfügen über ein recht großes Energiepotenzial und zähe Ausdauer und steuern Ihre Ziele sehr geradlinig an. Intensität kennzeichnet Ihr Wollen und Fühlen, und das nicht nur, wie fälschlich manchmal behauptet wird, in sexueller Hinsicht. Sie können ungemein konzentriert arbeiten; Halbheiten und Stümpereien lehnen Sie ab. Sie stellen hohe Anforderungen an sich, aber auch an Ihre Mitmenschen, was nicht nur Angehörige, sondern auch Mitarbeiter oder Untergebene am Arbeitsplatz zu spüren bekommen. Sehr viel liegt Ihnen am beruflichen und sozialen Aufstieg, der häufig mit einigen Schwierigkeiten verbunden ist und dadurch verlangsamt werden kann. Sie arbeiten dafür zäh und manchmal so verbissen, dass Ihnen überhaupt kein oder nur ein sehr unbefriedigendes Privatleben bleibt. Denken Sie daran, dass Sie sich und den Ihnen nahestehenden Menschen wenig Gutes tun, wenn Sie den beruflichen Erfolg zum Götzen Ihres Daseins machen und ihm all das Schöne und innerlich Bereichernde opfern, das das

Leben für uns bereithält. Im zwischenmenschlichen Umgang sind Sie sehr zurückhaltend, nicht nur mit Gefühlen, sondern oft auch mit Worten. Unter Ihren kühl prüfenden Augen hat mancher den Eindruck, von Ihnen seziert zu werden, die kritische Distanziertheit, die Sie oft deutlich zeigen, ist wenig kontaktfördernd. Wenn Sie offener gegenüber Ihren Mitmenschen wären, sie innerlich näher an sich herankommen ließen, könnten Sie viel zu einer für Sie und Ihre Umwelt positiven Auflockerung Ihres meist strengen Seelengefüges beitragen.

Aszendent Schütze

Sie begegnen zwar den Mitmenschen mit einer höflichen Verhaltenheit, sind aber durchaus an vielfältigen Kontakten interessiert, weil Sie von außen kommende Impulse und Anregungen zu schätzen wissen. Zum Gedankenaustausch sind Sie gern bereit, doch Ihre Gefühlswelt schirmen Sie sorgfältig ab, sodass die Zahl Ihrer Bekannten sehr viel größer ist als die Ihrer engen Freunde. Wer aus Ihrer Zurückhaltung auf Schüchternheit oder Gefühlskälte schließt, irrt gewaltig, denn Sie sind recht selbstbewusst, und wenn Sie sich in einer engen Bindung einem anderen öffnen, wird offenbar, dass Sie nicht nur gefühlstief, sondern sogar sehr leidenschaftlich sein können. Dass Sie diesen Teil Ihres Seins nach außen hin so sorgfältig abschotten, beruht auf einer starken seelischen Verwundbarkeit, die viele angesichts Ihrer zur Schau getragenen

Kühle und Selbstsicherheit niemals vermuten. Tief wie Ihre Gefühls- ist auch Ihre Gedankenwelt, doch ist die Vielfalt Ihrer Interessen sehr viel größer als beim »reinen« Skorpion-Typ. In der Regel verfügen Sie über ein ebenso umfangreiches wie fundiertes Wissen. Ihr Selbstwertgefühl ist ziemlich stabil; Sie trauen sich viel zu und lassen sich durch Misserfolge nicht übermäßig beeindrucken. Bei der Verfolgung von langfristigen Plänen bauen Sie nicht selten wohlbedachte, aber für Außenstehende überraschende Winkelzüge ein, was als unberechenbare Sprunghaftigkeit angesehen wird, aber in Wirklichkeit eine Frucht Ihrer klugen Einsicht ist, dass der gerade Weg weder immer am sichersten noch am schnellsten zum Ziel führen muss.

Aszendent Steinbock

Sie sind sehr willensstark, konzentriert und ausdauernd; Ihr großes Energiepotenzial setzen Sie sehr zielstrebig ein. Aufgaben, die Sie annehmen, führen Sie gewissenhaft bis in die kleinsten Einzelheiten hinein durch. Gegen Schwierigkeiten gehen Sie wohlüberlegt, doch notfalls auch mit großer Kräfteballung an; höchst selten kommt es vor, dass Sie sich durch Hemmnisse entmutigen lassen und aufgeben. Mit der gleichen zähen Beharrlichkeit betreiben Sie Ihren beruflichen und sozialen Aufstieg, an dem Ihnen sehr viel liegt. Sie wünschen, dass Ihre Leistungsfähigkeit Anerkennung findet und sichtbare Früchte trägt. Nicht selten tritt durch dieses Erfolgsstreben Ihr Privatleben stark in den Hintergrund, vernachlässigen Sie nicht nur die angenehmen Dinge, die das Leben zu bieten hat, sondern auch die zwischenmenschlichen Beziehungen. Da Sie sehr auf sich und Ihr unmittelbares Umfeld bezogen sind, ist Ihre Kontaktbereitschaft eingeschränkt. Zur Erbringung von Leistungen sind Sie wenig auf Hilfe von außen angewiesen. Wenn das Zweckmäßigkeits- und Nützlichkeitsdenken Ihr Planen und Handeln allzu sehr beherrscht, beschränken Sie sich fast völlig auf Kontakte, die Ihrem Aufstieg dienlich sind. Wenn Sie jedoch imstande sind, sich stärker zu öffnen, erweisen Sie sich als höflich, freundlich und hilfsbereit, auch wenn Sie nur wenig Gefühle zeigen. Das tun Sie fast nur in einer engen Bindung, in der Sie ein verlässlicher und treuer Partner sind, der sehr fürsorglich, aber auch ungemein besitzergreifend und eifersüchtig ist. Sie sollten darauf achten, dass der Beruf und das Streben nach materiellem Erfolg in Ihrem Leben keine übermächtige Bedeutung erlangen und Ihnen auch noch Zeit zum Menschsein bleibt.

Aszendent Wassermann

Der Einfluss dieses Aszendenten mindert Ihre Ichbezogenheit und lenkt Ihr Interesse stärker auf die Mitmenschen und die Umwelt. Sie sind aufnahmefähig für Impulse und Anregungen von außen und gehen Ihrerseits offener auf andere zu, ohne Ihre vorsichtige Verhaltenheit völlig aufzugeben. Ein wacher Geist und intuitives Gespür befähigen Sie, Menschen und Gegebenheiten bis in die Tiefe hinein zu analysieren. Solche Bestandsaufnahmen sind für Sie vor jeder Kontaktnahme und Entscheidung wichtig, denn mit Ihrem ausgeprägten Sicherheitsbedürfnis wollen Sie keine Risiken eingehen, sondern stets auf genau erkundetem, stabilem Grund bauen. Ähnlich systematisch und absichernd gehen Sie auch bei der Planung und Verfolgung Ihres beruflichen und sozialen Aufstiegs vor. Ihre Pläne sind hochgesteckt, aber in der Regel wirklichkeitsbezogen; nur selten lassen Sie sich den Blick durch utopisches Wunschdenken trüben. Trotz starker Ichbezogenheit behalten Sie auch die Interessen von Mitmenschen im Auge und setzen sich häufig für die Gemeinschaft ein, in der Sie leben. Sie sind sehr willensstark, aber nicht starrsinnig. Wohlfundierte Gegenargumente erkennen Sie an. Ganz und gar nicht ertragen können Sie Gängelung und Bevormundung: Herumkommandieren lassen Sie sich nicht. Ihr ausgeprägtes Selbstwertgefühl verlangt nach Unabhängigkeit. Auch in einer engen Bindung lassen Sie sich nicht vereinnahmen und beherrschen, obwohl andererseits Sie selbst dem Partner in Ihrem Bestreben, der Bindung Stabilität und Dauer zu verleihen, häufig die persönlichen Freiräume stark beschneiden.

Aszendent Fische

Sie sind sehr stark auf sich und Ihre unmittelbare Umwelt fixiert, also ein ausgesprochen introvertierter Mensch. Da Gefühle in Ihrem Leben eine große Rolle spielen, können Sie sehr stimmungsabhängig sein, was sich häufig auf Ihre Leistungsbereitschaft und Ihr Leistungsvermögen auswirkt. An sich sind Sie recht arbeitsam und legen großen Wert auf Beachtung und Anerkennung durch die Mitwelt, aber nicht immer bringen Sie das, was Sie wirklich könnten, denn durch Misserfolge lassen Sie sich stark beeindrucken und trauen sich dann oft zu wenig zu. Auf mangelnde Würdigung Ihrer Leistung reagieren Sie gekränkt und mit vorschnellem Rückzug; mehr würden Sie mit einer »Jetzt-erst-recht«-Einstellung erreichen, indem Sie sich in solchen Situationen zu zeigen bemühen, was wirklich in Ihnen steckt. Und das ist gar nicht so wenig: Sie verfügen über ein verhältnismäßig hohes Energiepotenzial, können gewissenhaft und zäh arbeiten und nicht nur einen wachen Verstand, sondern auch ein sensibles intuitives Gespür einsetzen, das Ihnen häufig überraschende Problemlösungen ermöglicht. Allzu vorsichtige Verhaltenheit im zwischenmenschlichen Umgang kann als feige Unsicherheit missdeutet werden; bemühen Sie sich um ein offeneres, selbstbewussteres Auftreten, geben Sie sich nicht übermäßig passiv. Nicht selten fällt es Ihnen schwer, Anschluss zu finden, aber wenn Sie erst einmal eine Bindung eingegangen sind, erweisen Sie sich als sehr gefühlsstark, fürsorglich, anhänglich und hilfsbereit. Achten Sie aber darauf, dass nicht allzu starke Stimmungsschwankungen die Partnerschaft belasten.

Meine Einbindung in das Universum

Mein chinesisches Horoskop

Die jahrtausendealte chinesische Astrologie arbeitet mit einem eigenständigen System, das eine direkte Bezugsetzung zur uns vertrauten Astrologie unmöglich macht. Nach chinesischer Auffassung bestimmen fünf Faktoren Wesenszüge, Fähigkeiten und Schicksal des Menschen: der Jahrestyp, die Jahreszeit, die Doppelwoche, der Tag und die Stunde der Geburt. Seit dem sechsten vorchristlichen Jahrhundert wird jedes Jahr einem von zwölf Tiersymbolen zugeordnet, sodass es zwölf verschiedene Jahrestypen gibt. Vom Jahrestyp hängen Wesens- und Gemütsart eines Menschen ab. Ohne Entsprechung im Abendland ist das auf die Gefühlswelt bezogene System der Jahreszeiten, von denen es fünf je einem Element zugeordnete Typen gibt. Auf Verhalten und Stellung innerhalb der Gemeinschaft bezieht sich das System der 24 Doppelwochen. Die Gefühlswelt wird außer durch die Jahreszeit auch durch den Geburtstag bestimmt; die in den chinesischen Stundenkreis der Tiere eingeordnete Geburtsstunde schließlich prägt das leibseelische Erscheinungsbild des Menschen.

Obwohl der chinesische »Tierkreis« eine Zwölfteilung aufweist, gibt es doch keine vollständige Übereinstimmung, sondern lediglich Entsprechungen. Anhand der Jahrestabelle können Sie Ihren Jahrestyp feststellen und die entsprechende Charakteristik in unserer Übersicht nachlesen. Über die kosmische Prägung durch Jahreszeit und Doppelwoche Ihrer Geburt informieren wir Sie im Anschluss.

18.02.1912–05.02.1913	Ratte	15.02.1942–04.02.1943	Pferd
06.02.1913–25.01.1914	Ochse	05.02.1943–25.01.1944	Ziege
26.01.1914–13.02.1915	Tiger	26.01.1944–12.02.1945	Affe
14.02.1915–03.02.1916	Hase	13.02.1945–01.02.1946	Hahn
04.02.1916–22.01.1917	Drache	02.02.1946–21.01.1947	Hund
23.01.1917–10.02.1918	Schlange	22.01.1947–09.02.1948	Schwein
11.02.1918–31.01.1919	Pferd	10.02.1948–28.01.1949	Ratte
01.02.1919–20.01.1920	Ziege	29.01.1949–16.02.1950	Ochse
21.01.1920–07.02.1921	Affe	17.02.1950–05.02.1951	Tiger
08.02.1921–06.02.1922	Hahn	06.02.1951–26.01.1952	Hase
07.02.1922–14.02.1923	Hund	27.01.1952–13.02.1953	Drache
15.02.1923–04.02.1924	Schwein	14.02.1953–03.02.1954	Schlange
05.02.1924–24.01.1925	Ratte	04.02.1954–23.01.1955	Pferd
25.01.1925–12.02.1926	Ochse	24.01.1955–11.02.1956	Ziege
13.02.1926–01.02.1927	Tiger	12.02.1956–30.01.1957	Affe
02.02.1927–22.01.1928	Hase	31.01.1957–18.02.1958	Hahn
23.01.1928–09.02.1929	Drache	19.02.1958–07.02.1959	Hund
10.02.1929–29.01.1930	Schlange	18.02.1959–27.01.1960	Schwein
30.01.1930–17.02.1931	Pferd	28.01.1960–14.02.1961	Ratte
18.02.1931–06.02.1932	Ziege	15.02.1961–04.02.1962	Ochse
07.02.1932–25.01.1933	Affe	05.02.1962–25.01.1963	Tiger
26.01.1933–13.02.1934	Hahn	26.01.1963–13.02.1964	Hase
14.02.1934–03.02.1935	Hund	14.02.1964–01.02.1965	Drache
04.02.1935–23.01.1936	Schwein	02.02.1965–21.01.1966	Schlange
24.01.1936–10.02.1937	Ratte	22.01.1966–08.02.1967	Pferd
11.02.1937–31.01.1938	Ochse	09.02.1967–29.01.1968	Ziege
01.02.1938–18.02.1939	Tiger	30.01.1968–16.02.1969	Affe
19.02.1939–07.02.1940	Hase	17.02.1969–05.02.1970	Hahn
08.02.1940–26.01.1941	Drache	06.02.1970–26.01.1971	Hund
27.01.1941–14.02.1942	Schlange	27.01.1971–18.02.1972	Schwein

19.02.1972–02.02.1973	Ratte	04.02.1992–21.01.1993	Affe
03.02.1973–23.01.1974	Ochse	22.01.1993–09.02.1994	Hahn
24.01.1974–10.02.1975	Tiger	10.02.1994–30.01.1995	Hund
11.02.1975–30.01.1976	Hase	31.01.1995–18.02.1996	Schwein
31.01.1976–17.02.1977	Drache	19.02.1996–06.02.1997	Ratte
18.02.1977–07.02.1978	Schlange	07.02.1997–27.01.1998	Ochse
08.02.1978–27.01.1979	Pferd	28.01.1998–15.02.1999	Tiger
28.01.1979–15.02.1980	Ziege	16.02.1999–04.02.2000	Hase
16.02.1980–04.02.1981	Affe	05.02.2000–23.01.2001	Drache
05.02.1981–24.01.1982	Hahn	24.01.2001–11.02.2002	Schlange
25.01.1982–12.02.1983	Hund	12.02.2002–31.01.2003	Pferd
13.02.1983–01.02.1984	Schwein	01.02.2003–21.01.2004	Ziege
02.02.1984–19.02.1985	Ratte	22.02.2004–08.02.2005	Affe
20.02.1985–08.02.1986	Ochse	09.02.2005–28.01.2006	Hahn
09.02.1986–28.01.1987	Tiger	29.01.2006–17.02.2007	Hund
29.01.1987–16.02.1988	Hase	18.02.2007–06.02.2008	Schwein
17.02.1988–05.02.1989	Drache	07.02.2008–25.01.2009	Ratte
06.02.1989–26.01.1990	Schlange	26.01.2009–13.02.2010	Ochse
27.01.1990–14.02.1991	Pferd	14.02.2010–02.02.2011	Tiger
15.02.1991–03.02.1992	Ziege	03.02.2011–22.01.2012	Hase

Ratte

Das Temperament der Ratte gilt als voreilig. Ihr Selbstbewusstsein kann manchmal in Arroganz umschlagen, denn sie kann und weiß sehr viel, was sie ihre Mitmenschen auch spüren lässt. Sie liebt ihre oft eingefahrenen Gewohnheiten, wodurch sie sich nur schwer unterordnen kann. Geistige Beweglichkeit, Aktivität, Fleiß und Lebensfreude sind weitere Merkmale der Ratte. In der Umsetzung ihrer Pläne liegt ihre

Stärke. Sie macht so lange weiter, bis ihr etwas perfekt erscheint, und lässt sich auch von gut gemeinten Ratschlägen nicht abbringen. Die Ratte ist sehr fantasievoll und sprudelt geradezu über von Ideen. Sie schätzt das Angenehme, Behagliche und Gemütliche und besitzt einen guten, sicheren Geschmack. Sie ist in der Regel hilfsbereit, aber nur dann großzügig, wenn Lohn und Anerkennung nicht lange auf sich warten lassen. Die Ratte kann ein wahres Finanzgenie sein und hat das richtige Händchen fürs Geschäftliche.

Ochse

Tatkräftig, zielbewusst, meist auch vorausschauend und klug planend – das sind die herausragenden Ochsen-Eigenschaften. Er strebt idealistische Ziele an und versteht es auch meistens, sie in die Tat umzusetzen. In seinem Gefühlsausdruck ist er eher verhalten, obwohl er eine empfindsame Seele besitzt. Der Ochse gilt als pflicht- und traditionsbewusst, strebsam und sesshaft. Mit seinem Hang, andere belehren zu wollen, verbaut er sich so manchen privaten Kontakt und geschäftliche Beziehung. Wird der Ochse verletzt oder in seinen Erwartungen enttäuscht, so zieht er sich zurück und vergräbt sich in seiner Arbeit. Damit versucht er, sich und anderen zu beweisen, dass er gut allein zurechtkommt. Mit seinem robusten, rastlosen Tatendrang kann der Ochse für seine Mitmenschen von Zeit zu Zeit recht anstrengend sein. Er ist ein loyaler und treuer Freund, auf den man sich immer verlassen kann.

Tiger

Der Tiger ist ungemein unternehmungslustig, aber er verfolgt seine Ziele mit großer Ausdauer. Da er dabei aber auch manchmal übertreibt, bleiben Fehlschläge nicht aus, denn sein sprichwörtlicher Mut kann auch in Tollkühnheit umschlagen. Er hat ein ausgeprägtes Selbstbewusstsein, neigt aber auch dazu, sich zu überschätzen. Die Ichbezogenheit des Tigers lässt ihn häufig wenig Rücksicht auf seine Mitmenschen nehmen. In seiner Emotionalität ist er äußerst extrovertiert, aber seine Gefühle können durchaus schwanken. Mit seiner großen Begeisterungsfähigkeit und Spontaneität übt er auf andere Menschen eine geradezu magische Anziehungskraft aus. Sein Optimismus, mit dem er die Dinge anpackt und den er in fast jeder Lebenslage ausstrahlt, wirkt ansteckend auf alle, die ihn kennen. Schüchternheit ist ein Fremdwort für ihn. Da das Leben dem Tiger viele Möglichkeiten bietet, kann er sich oft nicht entscheiden. Er legt Wert auf seine äußere Erscheinung und kleidet sich elegant.

Hase

Der Hase ist von schier unbändiger, rastloser Energie erfüllt, als würde er niemals Phasen der Ruhe benötigen. Er gilt als Liebhaber der schönen Künste. Trotz seiner beängstigenden Dynamik bringt er viel Geduld und Verständnis für andere auf und ist im Grunde seines Herzens sehr uneigennützig. Der Hase wird spielend leicht mit

Hindernissen fertig, vor denen seine Mitmenschen schnell kapitulieren. Mit seinem angeborenen Einfühlungsvermögen ist er ein hervorragender Diplomat, der es versteht, die Bedürfnisse anderer Menschen mit seinen eigenen Interessen in Einklang zu bringen. Mit großem taktischen Geschick, Ausdauer und Geduld geht der Hase seinen Weg und klettert langsam die Erfolgsleiter hoch. Eine Auseinandersetzung mit ihm kann zermürbend sein, denn er wird Haken schlagen und gerissen sein. Man sollte also nie zu früh über ihn triumphieren.

Drache

Dieser unerschrockene Zeitgenosse weicht weder Feinden noch irgendeinem Hemmnis aus. Sein Mut, seine Vitalität und Kraft sind schon fast sprichwörtlich. Der Drache gibt sich manchmal schroff und abweisend und hat auch nur wenige gute Freunde, obwohl er im Innersten ungemein sensibel ist und für die Nöte und Sorgen der anderen stets ein offenes Ohr hat. Er ist in der Lage, Situationen sofort richtig einzuschätzen. Noch im größten Chaos entwirft der Drache Handlungsstrategien und fasst klare Beschlüsse. Er ist ein sehr großzügiger Charakter, der im Geben tiefe Befriedigung erfährt. Wer in Krisenzeiten einen Drachen an seiner Seite weiß, hat schon gewonnen, denn es gibt kaum eine Situation, in der er sich nicht behauptet.

Er muss nur lernen, seine Energien zu lenken, und es sich zur Aufgabe machen, Selbstbeherrschung zu üben und maßvoll mit seinen Kräften umzugehen.

Schlange

Sie kanalisiert ihre Energie in Aktivitäten, die zumeist schöpferischer Natur sind. Dann ist die Schlange ganz in ihrem Element und mit sich selbst im Reinen. Mit ihrer kreativen Fantasie gibt sie ihrer Umwelt viele kostbare Impulse, mit der positive Entwicklungen eingeleitet werden. Leider ist sie bei der Verfolgung ihrer Pläne nicht sonderlich ausdauernd, sobald das Tun zur Routine geworden ist und keine neuen Anregungen kommen. Die Schlange hat viel Sinn für Schönheit, Eleganz und Stil. Reine Funktionalität ist ihre Sache nicht, denn sie liebt den Luxus und ihre Bequemlichkeit. Oft wirkt die Schlange rätselhaft, schillernd und faszinierend. Ihre Haltung und ihr Wesen irritieren die Mitmenschen, vor allem wenn sie nach anfänglicher Zurückhaltung plötzlich eine Bemerkung macht, die ins Schwarze trifft und eine messerscharfe Beobachtungsgabe enthüllt.

Pferd

Seinen kaum zu bändigenden Tatendrang lebt das Pferd in einer Fülle von Aktivitäten aus, die manchmal überstürzt und spontan in Angriff genommen werden. Treten Hindernisse und Schwierigkeiten auf, kann sein Interesse rasch nachlassen, und schnell wendet es sich einer spannenderen Angelegenheit zu. Heftige Gefühlsausbrüche sind typisch für das Pferd, ansonsten verhält es sich in seinen Emotionen eher zurückhaltend. Es ist flexibel und kann sich schnell neuen Gegebenheiten anpassen. Das Pferd neigt zu spontanen Entscheidungen. Dabei kann es sich auf seinen Instinkt und seine Intuition verlassen. Die Volltreffer, die es auf diese Art landet, geben ihm recht. Und sollte eine Sache schiefgehen, hat es kaum Schwierigkeiten, damit fertig zu werden. Das Pferd neigt zur Ungeduld, die gegen seine Mitmenschen manchmal ungerecht und verletzend zum Ausdruck gebracht wird.

Ziege

Die Ziege liebt Gerechtigkeit so sehr, dass sie Streitereien und Konflikte in Kauf nimmt. Gewalt ist ihr aber ein Gräuel. Vielmehr leistet sie so lange passiven Widerstand, bis sie ihr Ziel erreicht hat. Die Ziege setzt sich für die Interessen ihrer Mitmenschen ein und verfolgt hohe Ideale. Dann zeigt sich ihre wahre Kämpfernatur. Die Fähigkeit zum Mitgefühl und zum teilnehmenden Verständnis ist der Ziege in die Wiege gelegt. Es gibt kaum ein anderes Sternzeichen, das so berufen scheint, sich in die Seele anderer hineinzuversetzen. Sanft, mütterlich und geduldig kann die Ziege stundenlang zuhören, wenn jemand Kummer hat. Sie besitzt keinerlei Disziplin, wenn es darum geht, den Alltag zu organisieren. Zeitpläne, strikte Vorschriften und Pünktlichkeit sind ihr zuwider. Und vollkommen in Verzweiflung gerät sie, wenn sie unter Druck arbeiten muss. Meistens ist die Ziege häuslich veranlagt und kennt nichts Schöneres, als ihre vier Wände so auszustatten, dass man sich darin wohlfühlen kann – was auch ihre künstlerische Neigung zeigt.

Affe

An Ideen und Plänen, die er häufig auch noch gleichzeitig in Angriff nimmt, mangelt es ihm nicht. Sein eiserner Wille, gute Nerven, eine vorausschauende Planung und realistische Einschätzung der Gegebenheiten führen ihn auch dann zum Erfolg. Der Affe sollte aber lernen, mit seinen schier unermesslichen Kräften gut hauszuhalten, um sich selbst und anderen nicht zu schaden. Außerdem neigt der Affe dazu, sich manchmal zu verzetteln, aber er findet aus jeder Schwierigkeit schnell einen Ausweg. Wegen seines hervorragenden Intellekts löst er Probleme im Handumdrehen, die anderen Kopfschmerzen bereiten würden. Er geht schlau und gewitzt vor – je größer die Herausforderung, umso besser. Der Affe liebt es, seine Klugheit unter Beweis zu stellen. Er reagiert aggressiv, wenn er sich übergangen oder beleidigt fühlt.

Hahn

Er ist betriebsam und erfolgsorientiert, wobei er zu Egozentrik und zu Selbstsucht neigen kann. Seine Geschwätzigkeit und Launenhaftigkeit können seiner Umwelt auf die Nerven gehen. Die Offenheit des Hahns kann wohltuend sein, denn er spielt kein doppeltes Spiel, und jeder weiß, woran er bei ihm ist. Durch seine Gewandtheit und seinen schlagfertigen Witz gewinnt der Hahn viele Freunde. Die Natur fasziniert ihn und er frönt gern allen sinnlichen Genüssen, die das Leben bietet. Um zum Erfolg zu gelangen, muss der Hahn lernen, Maß zu halten. Er hat ein heiteres, extrovertiertes Temperament und verfügt über einen scharfen Intellekt, ein brillantes Auftreten und ein wunderbar unbekümmertes Wesen. Wortreich und schillernd präsentiert der Hahn sich seinen Mitmenschen und gewinnt alle Herzen im Nu. Er legt aber viel Wert auf Prestige und Status, wodurch er manchmal oberflächlich wirkt.

Hund

Er strotzt vor Energie und ist ein wahrer Draufgänger, wobei es ihm an planvollem und bedachtem Handeln mangelt. Der Hund setzt sich engagiert und kämpferisch für die gerechte Sache und hohe Ideale ein, denn er verfolgt unbeugsam seine Mission. Er sollte lernen, seine Unternehmungen strategischer und kalkulierter zu planen, um seine Kräfte nicht zu vergeuden und auf halber Strecke zu kapitulieren.

Bei aller Anpassungsfähigkeit ist der Hund durchaus in der Lage, selbstständig zu handeln und seine Unternehmen in eigener Regie durchzuführen. Er neigt dazu, Dinge zu lange hinauszuzögern, doch wenn der Hund sich einmal zu etwas entschlossen hat, bleibt er dieser Entscheidung treu. Dass die Projekte, an denen er festhält, dann manchmal überholt sind, interessiert ihn herzlich wenig.

Schwein

Das Schwein verfügt über enorme Kraftpotenziale, aber es ist mit wenig Ausdauer und Durchsetzungsvermögen gesegnet. Es setzt sich gern für andere ein, schätzt aber häufig Situationen falsch ein und neigt aus diesem Grund zu vorschnellen Urteilen und unbedachten Reaktionen. Das Schwein besitzt eine ausgezeichnete künstlerische Ader, aber braucht die Unterstützung anderer, um diese auszuleben und Anerkennung und Erfolg zu ernten. Im Allgemeinen ist das Schwein ein fröhlicher Zeitgenosse, der voller Optimismus an die Zukunft glaubt. Es besitzt Urvertrauen – die Gewissheit, dass letztendlich alles gut wird. Innerlich kämpft das Schwein aber auch mit Stimmungsschwankungen. Einerseits hat es Ehrgeiz und möchte gern hoch hinaus, andererseits liebt es Gelassenheit und Ruhe. In China steht das Schwein für Glück und Wohlstand.

Die Jahreszeit

Sie sind in der Metall-Jahreszeit geboren, die die Wochen vom 23. September bis zum 3. Dezember umfasst. Das Element Metall wird dem Herbst zugeordnet und ist mit dem Westen verbunden: verschwistert ist dieses Element mit Ätzung und mit beißender Kälte, symbolisch mit Gerechtigkeit, Reinigung und Sorge. Die Lieblingsfarbe des Metall-Menschen ist Weiß, seine Glückszahl die Neun.

Am wohlsten fühlen Sie sich in Häusern und Räumen, die nach Westen ausgerichtet sind; am erquickendsten ist Ihr Schlaf, wenn dabei Ihr Kopf nach Westen weist. Weiß kann Ihnen bei Erkrankung und Erschöpfung Entspannung und Belebung bringen, aber das bewirkt auch alles, was kühl und reinigend ist, frische Luft, klares Wasser oder Eis und Schnee, die nicht nur auf den Körper, sondern auch auf Geist und Seele einwirken.

Wahrheit, Gerechtigkeit, Harmonie und Schönheit gelten Ihnen viel. In der Regel legen Sie Wert darauf, nicht nur Ihre eigene Lebenswelt durch Kunst und Kultur zu bereichern, sondern auch eine Hebung der Lebensqualität Ihrer Mitmenschen zu erreichen. Sie sind bestrebt, stets sich selbst treu zu bleiben, und schätzen im Umgang mit anderen geradlinige Offenheit, die manchmal freilich zu verletzender Direktheit werden kann. Voraussetzung für ein segensreiches Wirken nach außen ist, dass Sie zu Ihrer inneren Mitte gefunden haben, mit sich selbst im Reinen sind. Bei den von Ihnen verfolgten Interessen stehen egoistische materielle Ziele und persönlicher Ruhm nicht im Vordergrund; Ihnen liegt mehr am Wohlergehen der Gemeinschaft. Manchmal neigen Sie zu übertriebener Sorge und zu kleinmütigen Zweifeln, die Ihnen und anderen das Leben schwer machen können. Besser kommen Sie über solche Phasen hinweg, wenn Sie sich auf einen Menschen stützen können, der Ihnen hilft, mehr Selbstvertrauen zu gewinnen.

Die 18. Doppelwoche

Sie sind in der 18. chinesischen Doppelwoche geboren (der Neujahrstag der Chinesen fällt nicht mit dem unseren zusammen), die die Tage vom 24. Oktober bis zum 7. November umfasst. Dies ist die Doppelwoche des ersten Frosthauchs, die Ihre Anlagen in bestimmter Weise prägt.

Sie sind verstandesorientiert, tatkräftig, pflichtbewusst und ein hervorragender Organisator. Sie nehmen Aufgaben und Pflichten ernst, stellen hohe Ansprüche an sich und andere und sind bemüht, sich selbst treu zu bleiben. Sie sind ichbezogen und ehrgeizig und nehmen notfalls wenig Rücksicht auf sich und andere, wenn es um die Erreichung Ihrer meist hoch gesteckten Ziele geht. Willig übernehmen Sie Verantwortung und scheuen weder Anstrengungen noch Hindernisse. Routineaufgaben reizen Sie wenig; Sie wollen gefordert werden, um sich bewähren zu können. Gern stellen Sie sich dem Wettbewerb. Ihr Ehrgeiz kann in Ihnen innere Spannungen aufbauen, die sich nach außen hinter schroffem abweisendem Verhalten und nüchterner Kühle verbergen. Andere Menschen beurteilen Sie in erster Linie nach ihrer Leistung, nach dem, was sie »bringen«. Da Sie sich selbst viel abverlangen, sind Sie gegenüber weniger leistungsorientierten Mitmenschen manchmal sehr hart und ungerecht. Deshalb sind Sie in führenden Positionen zwar effizient, aber wenig beliebt. Ein weiterer Mangel ist, dass Sie zwar rasch und bestimmt Entschlüsse fassen, es dabei aber oft an gründlicher Überlegung und Weitsicht fehlen lassen. Es fällt Ihnen obendrein schwer, Fehlentscheidungen zu korrigieren, da Sie sich und anderen ungern eingestehen, dass Sie sich geirrt haben.

Sie sind zweifellos außergewöhnlich tüchtig, vernachlässigen aber häufig zwischenmenschliche Bindungen, sind zu ichbezogen und verschlossen. Gehen Sie mehr auf Ihre Mitmenschen zu, lassen Sie in Ihrer Verstandesorientiertheit nicht zu, dass Ihre Gefühlswelt völlig verschüttet wird!

Die 19. Doppelwoche

Sie sind in der 19. chinesischen Doppelwoche geboren (der Neujahrstag der Chinesen fällt nicht mit dem unseren zusammen), die die Tage vom 8. bis zum 22. November umfasst. Dies ist die Doppelwoche des Winterbeginns, die Ihre Anlagen in bestimmter Weise prägt.

Sie sind eigenständig, selbstbewusst und zielstrebig. Wenn Aufgaben Sie interessieren, setzen Sie sich mit Kraft und Ausdauer, viel Umsicht und großem Organisationstalent ein. Eine außergewöhnliche Konzentrationsfähigkeit und gute Nerven kommen ihnen in Problemsituationen und bei Hindernissen und Widerständen zugute. Auf den Beifall Ihrer Mitmenschen sind Sie nicht angewiesen, doch falsche Bescheidenheit liegt

Ihnen fern. Stets wollen Sie aus eigener Kraft weiterkommen, Ratschläge nehmen Sie nur ungern an, geschenkt wollen Sie nichts haben. Sie nehmen klare Standpunkte ein und verfechten Ihre Meinungen mit Entschiedenheit, manchmal auch mit Fanatismus. Auf faule Kompromisse lassen Sie sich grundsätzlich nicht ein, diplomatisches Taktieren liegt Ihnen nicht. Probleme lösen Sie entschlossen und notfalls mit großem Krafteinsatz; das mühselige Entflechten »gordischer Knoten« ist nicht Ihre Sache. Aber nicht immer stellen Sie sich dem offenen Kampf. Wenn Sie glauben, dass jemand Sie hinterrücks zu Fall bringen möchte, können sie Ihrerseits recht unfaire Mittel einsetzen, denn Sie nehmen leicht übel und sind auch sehr nachtragend. Oft würde es Ihnen besser bekommen, wenn Sie auch in solchen Situationen sich selbst treu bleiben und ein reinigendes Gewitter den hinterhältigen Intrigen vorziehen würden. Sie müssen sich davor hüten, sich allzu sehr auf den sozialen und beruflichen Aufstieg zu konzentrieren und darüber den Wert zwischenmenschlicher Beziehungen zu vergessen. Versuchen Sie, die Arbeit und ein beglückendes Privatleben besser miteinander in Einklang zu bringen.

Mein indianisches Horoskop

Obwohl sie auf einem Welt- und Menschenbild beruht, das von unseren abendländischen Vorstellungen sehr verschieden ist, gelangt auch die indianische Astrologie zu Einsichten über den Menschen, die den uns vertrauten Horoskop-Aussagen verblüffend ähnlich sind. Auch für den Indianer ist der Mensch in das Universum eingebunden, ist Bestandteil eines engen Geflechts von Beziehungen und Wechselwirkungen, das die ganze – belebte und unbelebte – Welt durchzieht.

Das wichtigste Bezugssystem unserer Astrologie ist der Tierkreis mit seinen zwölf Zeichen, durch die das Jahr gegliedert wird. Nach Auffassung der Indianer tritt der Mensch mit seiner Geburt in einen magischen Kreis ein, der die ganze Welt in sich einschließt. Vier Abschnitte unterteilen das Universum, den Jahres- und Tagesablauf und werden durch je ein Tier symbolisiert: Ost – Frühling – Morgen – Adler; Süd – Sommer – Mittag – Kojote; West – Herbst – Abend – Grizzlybär; Nord – Winter – Nacht – Weißer Büffel. Unseren Tierkreiszeichen entsprechen zwölf Monde oder Monate, denen jeweils ein Totem (Zeichen) im Tier-, Pflanzen- und Mineralreich sowie eine Symbolfarbe beigegeben sind.

Sie sind ein Schlange-Mensch (24.10.–22.11.)

Geboren sind Sie unter dem Mond der Ersten Fröste, der etwa dem Zeitraum unseres Tierkreiszeichens Skorpion entspricht. Ihr Totem im Tierreich ist die Schlange, Ihr Totem im Pflanzenreich die Distel, Ihre Totems im Mineralreich sind Kupfer und Malachit, Ihre Symbolfarbe ist Orange. Sie gehören dem Elementeklan der Frösche an, dessen Element das Wasser ist. Andere Angehörige dieses Klans sind die Specht-(Krebs-) und die Puma-(Fische-)Menschen. Das bedeutet, dass Sie mit diesen viele charakteristische Wesensmerkmale teilen. Geboren sind Sie im Herbst, der Jahreszeit von Mudjekeewis (Grizzlybär), des Hüters des Geistes aus dem Westen, der auch den Abend, die innere Stärke und die Selbstprüfung symbolisiert.

Der Schlange-Mensch ist mehr gefühls- als verstandesorientiert. Gewöhnlich ist er intelligent und ideenreich, wissbegierig und ein scharfer Beobachter mit feinem Gespür. Wenn ihm Aufgaben übertragen werden, erweist er sich als arbeitsam, pflichtbewusst und leistungsorientiert; gegen Schwierigkeiten kämpft er verbissen und notfalls mit großem Krafteinsatz an. Er ist sehr vital und verfügt über ein enormes Energiepotenzial. Nach außen hin gibt er sich meist zurückhaltend, wirkt manchmal verschlossen bis abweisend: Er braucht viel Selbstkontrolle, um seine starken Gefühle in Zaum zu halten. Die tiefe Gefühlswelt macht ihn verletzlich, und so verbirgt er häufig seinen verwundbaren Kern hinter einer »stacheligen« Schale. Er selbst ist nicht sonderlich anpassungsfähig, hat aber die Gabe, stark auf seine Umwelt einzuwirken, sodass diese sich teilweise ihm anpasst.

Seine brodelnden Gefühle können ihm zu schaffen machen. Wenn es ihm nicht gelingt, sie zu beherrschen und ins Gleichgewicht zu bringen, kann er menschlich sehr unausgewogen sein, wird überkritisch, misstrauisch, unaufrichtig, verbissen und jähzornig, was besonders seine unmittelbare Umgebung zu spüren bekommt. Selbst bei innerer Ausgeglichenheit ist er oft im Gefühlsausdruck verhalten bis gehemmt, braucht lange, bis er sich einem Mitmenschen öffnet. Dadurch umgibt ihn manchmal eine Aura des Geheimnisvollen, die zu vielen Missverständnissen führen kann. Die Verschlossenheit ist aber nichts als eine instinktive Selbstschutzreaktion.

Häufig geht von Schlange-Menschen eine stark erotische Ausstrahlung aus, die ihrer intensiven Gefühlswelt entspringt. Sie selbst nützen dies freilich nicht für schnelle Eroberungen oder flüchtige Abenteuer, denn auch in der Liebe sind sie verhalten und vorsichtig, bis sie sich von der Tragfähigkeit einer Bindung überzeugt haben. Doch wenn sie sich einem Partner öffnen, zeigen sie eine überraschende Hingabebereitschaft und Leidenschaftlichkeit.

Partnerschaften

Als Schlange-Mensch sind Sie ein Vertreter des Froschklans, dessen Element das Wasser ist. Dem gleichen Klan gehören auch die Specht-(Krebs-) und die Puma-(Fische-)Menschen an. Mit diesen kommen Sie in der Regel sehr gut zurecht, da Ihnen viele grundlegende Wesenszüge gemeinsam sind. In einer engen Partnerschaft kann es freilich eben wegen dieser Übereinstimmungen zu Reibereien kommen. Nur wenn Sie Ihre Gefühlswelt beherrschen, das innere Gleichgewicht finden, ist eine solche Partnerschaft von Bestand.

Am besten ergänzen Sie sich mit Angehörigen des Schildkrötenklans, dessen Element die Erde ist. Das Wasser bewahrt die Erde vor Austrocknung, und andererseits kann das Wasser ohne die Erde als feste Grundlage nicht fließen. Dieser Symbolbezug macht deutlich, dass eine Verbindung zwischen Angehörigen dieser Klans für beide von Vorteil ist. Die Froschklan-Menschen bringen zur stabilen Energie des Schildkrötenklan-Menschen die Beweglichkeit ihres Elements, einen dynamischen Impuls, der vor Erstarrung in den dunklen Tiefen der Erde bewahrt. Umgekehrt bieten die Vertreter des Schildkrötenklans den Menschen des Froschklans Stabilität und ein sicheres Fundament, damit sich ihre Emotionen nicht ziellos verströmen, helfen ihnen, Ideen in die Tat umzusetzen und zum inneren Gleichgewicht zu finden, das für sie so wichtig ist. Im praktischen Leben und auf der Gefühlsebene werden die Partnerschaften für beide erfreulich, nützlich und meist auch von Dauer sein. Dem Schildkrötenklan gehören die Biber-(Stier-), Braunbär-(Jungfrau-) und Schneegans-(Steinbock-)Menschen an.

Recht gegensätzlich sind Angehörige des Donnervogelklans, dessen Element des Feuer ist. Feuer und Wasser vertragen sich nicht, zehren einander auf. In einer engeren Partnerschaft kann es große Anfangsschwierigkeiten geben, da sich die Vertreter der beiden Klans instinktiv voneinander bedroht fühlen, doch kann sich gerade die Gegensätzlichkeit auf beide Seiten nutzbringend auswirken, indem die bisweilen bedrohliche Dynamik des Feuers gedämpft und andererseits die kühle Verhaltenheit des Wassers belebend erwärmt wird. Mit Geduld und Hingabe seitens des Donnervogelklan-Menschen und einem Bemühen um Ausgeglichenheit seitens des Froschklan-Menschen kann eine Bindung zwischen Vertretern dieser Klans beiden sehr hilfreich sein. Zum Donnervogelklan gehören die Roter-Habicht-(Widder-), die Stör-(Löwe-) und die Wapiti-(Schütze-)Menschen.

Das Element des Schmetterlingklans ist die Luft. Luft ist wie Wasser in ständiger Bewegung; darin sind sich die beiden Elemente ähnlich. Ebenso ähnlich sind sich in vielen Wesenszügen die Vertreter des Frosch- und Schmetterlingklans, was freilich auch bedeutet, dass der eine im anderen viele der eigenen Fehler gespiegelt sieht; das kann in einer engen Bindung Reibungen und Anpassungsschwierigkeiten bringen. Beide sollten sich zunächst darum bemühen, ihre Beweglichkeit in die gleiche Richtung zu koordinieren, sich auf gemeinsame Ziele zu konzentrieren. Froschklan-Menschen können auf Vertreter des Schmetterlingklans eine stabilisierende Wirkung ausüben, weil sie ihre Energien meist in einem konstanten Fluss und nicht in sprunghaften Schüben verströmen. Sie können überlegter vorgehen und mehr Ausdauer, Geduld und Beständigkeit an den Tag legen. Zum Schmetterlingklan gehören die Hirsch-(Zwillinge-), Rabe-(Waage-) und Otter-(Wassermann-)Menschen.

Mein keltisches (Baum-)Horoskop

Nicht Tierkreiszeichen oder Tiere, sondern Bäume sind die Symbole der keltischen Astrologie. Deren Systematik beruht auf den beiden heiligen Zahlen der Kelten, der Drei und der Sieben: 21 Bäume gliedern den Jahreslauf.

23.10.

Ihr Baum ist der *Ahorn*. Er symbolisiert Ehrgeiz, Selbstsicherheit, Intelligenz, Stolz und Originalität, aber auch Launenhaftigkeit, begrenzte nervliche Belastbarkeit und einen Hang zur Angeberei. Obwohl nach außen zurückhaltend, will er doch hoch hinaus. Das bedeutet für Sie: Sie sind ein tatkräftiger Mensch, der sich des eigenen Wertes bewusst ist. Sie setzen sich ehrgeizige Ziele, doch kann Ihr zielgerichteter Aufstieg durch mangelnde Selbstkritik und eingeschränkte nervliche Belastbarkeit kompliziert und gehemmt werden. Zudem besteht die Gefahr, dass Sie sich durch falsche Freunde von Ihrem Weg abbringen lassen. Trotz Ihres selbstbewussten Auftretens haben Sie mit inneren Unsicherheiten und Komplexen zu kämpfen. In einer engen Bindung können Ihr übertriebenes Imponiergehabe und eine gewisse Launenhaftigkeit die Beziehung belasten; Sie neigen dazu, dem Partner Ihren Willen aufzuzwingen und auf seine Seelenlage nur wenig Rücksicht zu nehmen. Immerhin ist das Leben mit Ihnen sehr abwechslungsreich, da Sie ständig nach neuen Anregungen und Erfahrungen suchen und jede langweilige Routine ablehnen.

24.10. bis 11.11.

Ihr Baum ist der *Nussbaum*. Er symbolisiert Ehrgeiz, Autorität, Intelligenz, Unbeugsamkeit und mangelnde Flexibilität. Mit seinen zahlreichen Widersprüchlichkeiten steckt er voller Überraschungen. Das bedeutet für Sie: Sie haben viele positive Eigenschaften, die aber ins Negative übersteigert sein können. So kann aus Ehrgeiz rücksichtslose Ichbezogenheit, aus Geradlinigkeit verknöcherte Starre oder aus Tatkraft blinder Aktivismus werden. Oft kümmern Sie sich nur wenig um die Meinung anderer, wollen anerkannt, aber nicht unbedingt beliebt sein. In der Regel planen Sie vorausschauend und wohlüberlegt und sind darauf bedacht, für Ihren Aufstieg ein stabiles Fundament zu legen. In einer engen Beziehung sind Sie ein interessanter, attraktiver und ungemein leidenschaftlicher Partner, doch sind Sie sehr besitzergreifend und deshalb übertrieben eifersüchtig, was die Beziehung stark belasten kann. In der Regel sind Sie fürsorglich und treu, doch kann das Zusammensein mit Ihnen dem Partner immer wieder mancherlei Überraschungen und Aufregungen bringen. Versuchen Sie, mehr Rücksicht zu üben und besser auf ihn einzugehen.

12.11. bis 21.11.

Ihr Baum ist die *Kastanie*. Sie symbolisiert Zurückhaltung, Diplomatie, Gerechtigkeitsgefühl, Idealismus, aber auch Einsamkeit, mangelndes Selbstvertrauen und übertriebene Empfindlichkeit. Obwohl stattlich, will sie niemanden beeindrucken und bemüht sich nicht um die Gunst anderer. Das bedeutet für Sie: Sie haben für den sozialen und beruflichen Aufstieg viele gute Anlagen – einen wendigen Geist, Wirklichkeitssinn, Begeisterungsfähigkeit, Beständigkeit und Diplomatie, doch machen Ihnen Unsicherheit und mangelndes Selbstvertrauen oft zu schaffen. Wenn Sie sich unverstanden und unterbewertet fühlen, versuchen Sie manchmal, durch übertrieben forsches Auftreten zu beeindrucken. Sie könnten viel gewinnen, wenn Sie mehr Selbstsicherheit erringen. Sie lehnen flüchtige Abenteuer ab, und so kann es lange dauern, bis Sie mit Ihrer tiefen Gefühlswelt eine enge Bindung eingehen. Wenn Sie sich aber gebunden haben, erweisen Sie sich als außergewöhnlich treuer und fürsorglicher Partner, dem das Wohl des anderen sehr am Herzen liegt und der sich für ihn mit viel Liebe und all seiner Kraft einsetzt.

Mein persönlicher Aszendent

Um Ihren Aszendenten auf dem Ihren Geburtstag betreffenden Schaubild (ab Seite 123) ablesen zu können, müssen Sie Ihre in mitteleuropäischer Zeit (MEZ) angegebene Geburtszeit zunächst in Weltzeit (WZ) und danach in Ortszeit (OZ) umwandeln. Wenn Sie Ihre genaue Geburtszeit nicht wissen, können Sie sie beim Standesamt Ihres Geburtsortes erfragen.

Einfach ist die Umrechnung von MEZ in Weltzeit: Sie brauchen lediglich von der MEZ eine Stunde abzuziehen. Wenn zum Zeitpunkt Ihrer Geburt die Sommerzeit galt, müssen Sie von Ihrer Geburtszeit zwei Stunden und in den wenigen Zeiträumen mit doppelter Sommerzeit sogar drei Stunden abziehen, um die Weltzeit ermitteln zu können.

Die Ortszeit hängt von der geografischen Länge Ihres Geburtsortes ab. Für jedes Grad östlicher Länge (vom Nullmeridian) müssen Sie zur Weltzeit vier Minuten hinzuzählen. Um Ihnen lange Rechnereien zu ersparen, finden Sie anschließend eine Ortstabelle für den deutschsprachigen Raum, auf der Sie für die wichtigsten Städte die zur Weltzeit zu addierenden Minuten ablesen können. Wenn Ihr Geburtsort in der Tabelle nicht aufgeführt ist, suchen Sie im Atlas eine ungefähr auf dem gleichen Längenkreis liegende Stadt unserer Tabelle und zählen Sie die dort angegebene Zahl von Minuten zu Ihrer in Weltzeit umgerechneten Geburtszeit hinzu.

Ortstabelle für den deutschsprachigen Raum

Ort	Min.	Ort	Min.
Aachen	24	Dessau	49
Aarau	32	Dortmund	30
Allenstein	82	Dresden	55
Ansbach	42	Duisburg	27
Apolda	46	Düsseldorf	27
Arosa	39	Eisenach	41
Aschaffenburg	37	Emden	29
Augsburg	44	Erfurt	44
Baden-Baden	33	Erlangen	44
Bamberg	44	Essen	28
Basel	30	Esslingen	37
Bautzen	58	Feldkirch	38
Bayreuth	46	Flensburg	37
Berlin	54	Frankfurt/M.	35
Bern	30	Frankfurt/O.	58
Bielefeld	34	Freiburg/Br.	31
Bochum	29	Freising	47
Bonn	28	Genf	25
Bozen	45	Gera	48
Brandenburg	50	Gießen	35
Braunschweig	42	Görlitz	60
Bregenz	39	Gotha	43
Bremen	35	Göttingen	40
Breslau	68	Graz	69
Celle	40	Hagen	30
Cham	34	Halberstadt	44
Chemnitz	52	Halle/S.	44
Chur	38	Hamburg	40
Cottbus	57	Hannover	39
Danzig	75	Heidelberg	35
Darmstadt	35	Heilbronn	37
Davos	39	Helgoland	32

Ort	Min.	Ort	Min.
Hildesheim	40	Oldenburg	33
Hof	48	Osnabrück	32
Ingolstadt	46	Passau	54
Innsbruck	46	Pirmasens	30
Jena	46	Plauen	49
Kaiserslautern	31	Regensburg	48
Karlsruhe	34	Rosenheim	48
Kassel	38	Rostock	49
Kempten	41	Saarbrücken	28
Kiel	41	Salzburg	52
Klagenfurt	57	Schleswig	38
Köln	27	Schweinfurt	41
Königsberg	82	Schwerin	46
Konstanz	37	Speyer	34
Krefeld	26	St. Gallen	38
Kufstein	49	Stettin	58
Lausanne	27	Steyr	58
Leipzig	50	Stralsund	52
Leoben	60	Straßburg	31
Lindau	39	Stuttgart	37
Linz	57	Traunstein	42
Lübeck	43	Trier	27
Ludwigshafen	34	Ulm	40
Luxemburg	25	Vaduz	38
Luzern	33	Villach	55
Magdeburg	47	Weimar	45
Mainz	33	Wesermünde	34
Mannheim	34	Wien	66
Marburg	35	Wiesbaden	33
Memel	84	Wittenberg	51
Mülheim/R.	32	Worms	34
München	46	Würzburg	40
Münster	31	Zürich	34
Nordhausen	43	Zweibrücken	29
Nördlingen	42	Zwickau	50
Nürnberg	44		

Ihr Aszendent am 24. Oktober

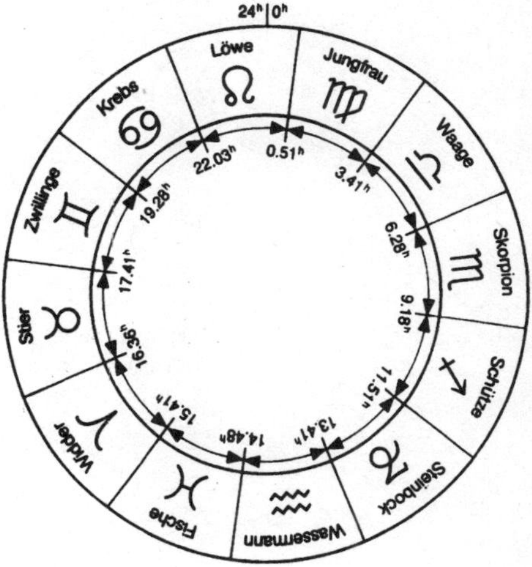

Ihr Aszendent am 25. Oktober

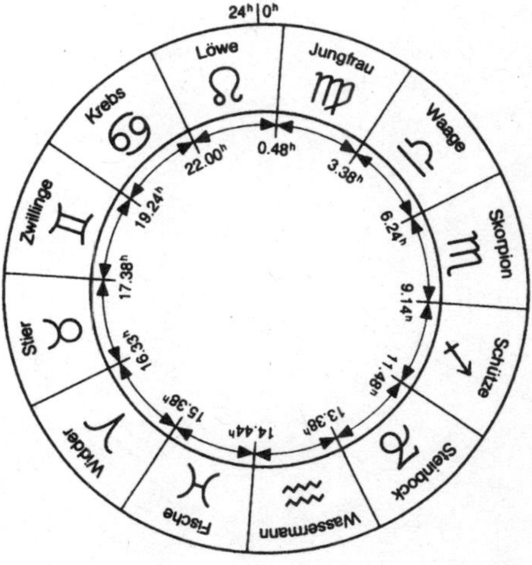

Ihr Aszendent am 26. Oktober

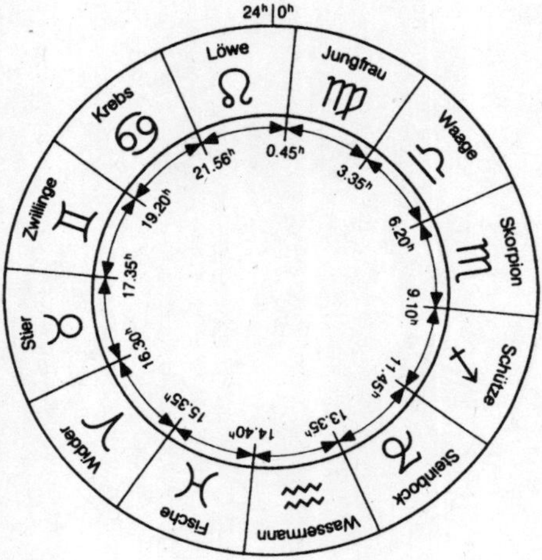

Ihr Aszendent am 27. Oktober

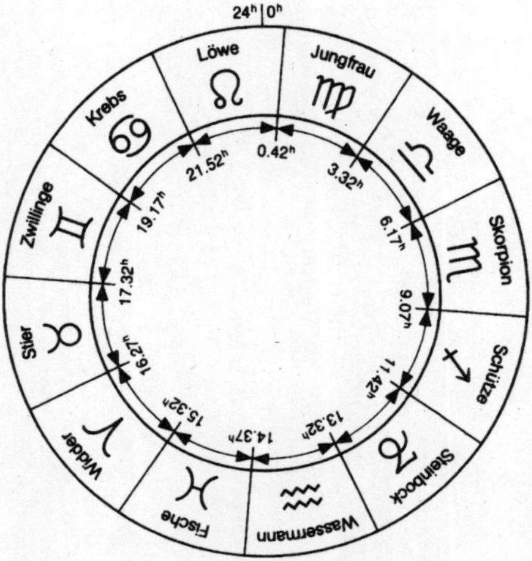

Ihr Aszendent am 28. Oktober

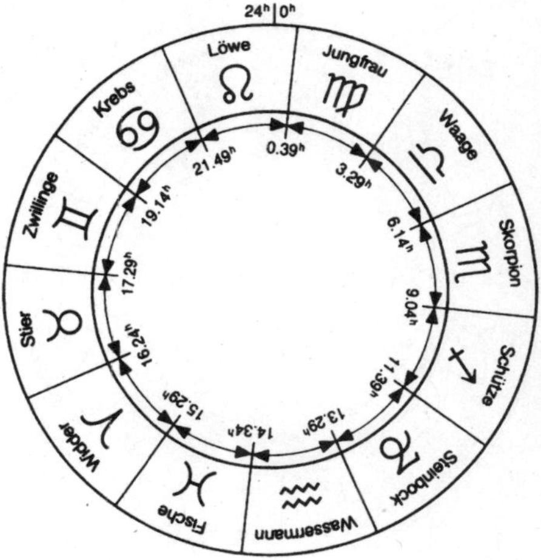

Ihr Aszendent am 29. Oktober

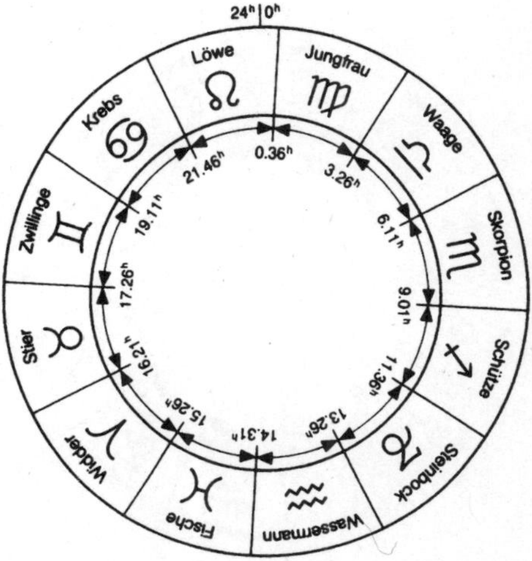

Ihr Aszendent am 30. Oktober

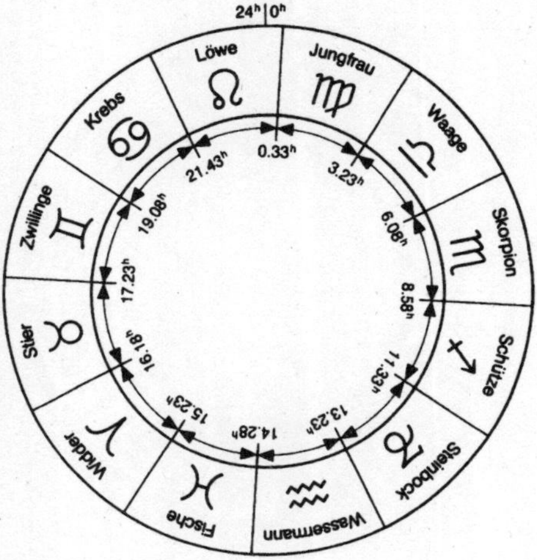

Ihr Aszendent am 31. Oktober

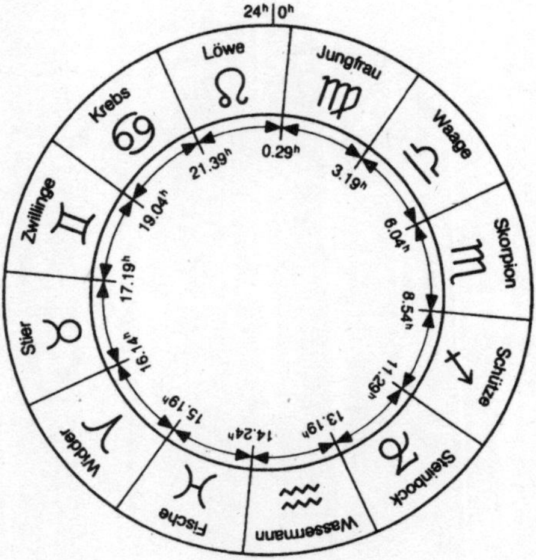

Ihr Aszendent am 1. November

Ihr Aszendent am 2. November

Ihr Aszendent am 3. November

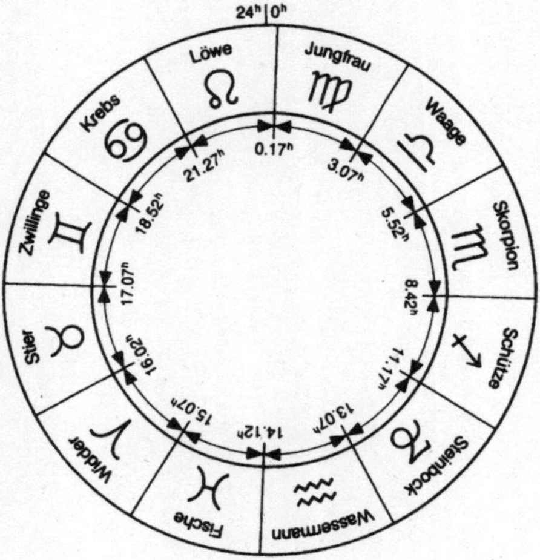

Ihr Aszendent am 4. November

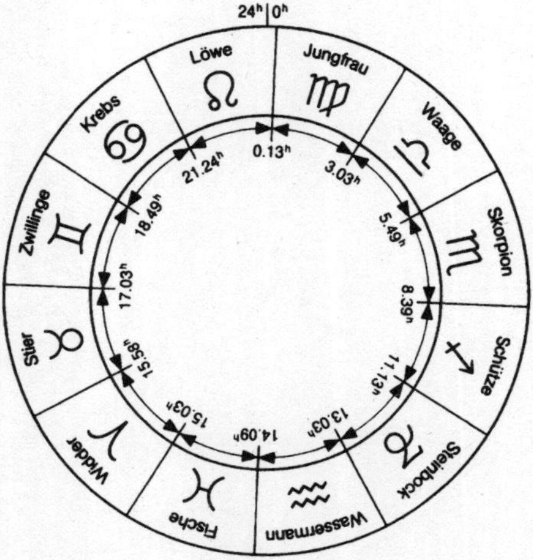

Ihr Aszendent am 5. November

Ihr Aszendent am 6. November

Ihr Aszendent am 7. November

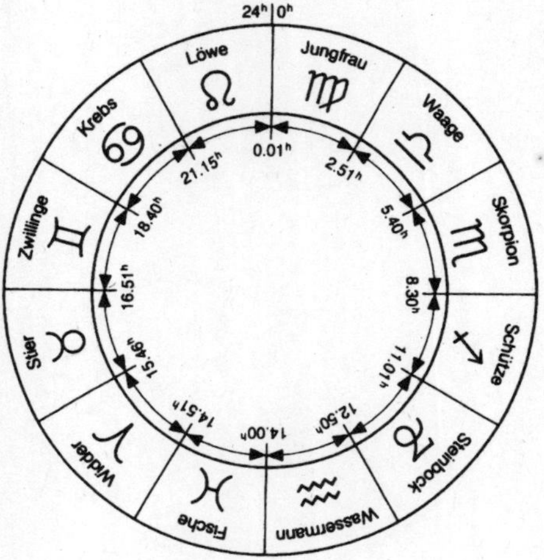

Ihr Aszendent am 8. November

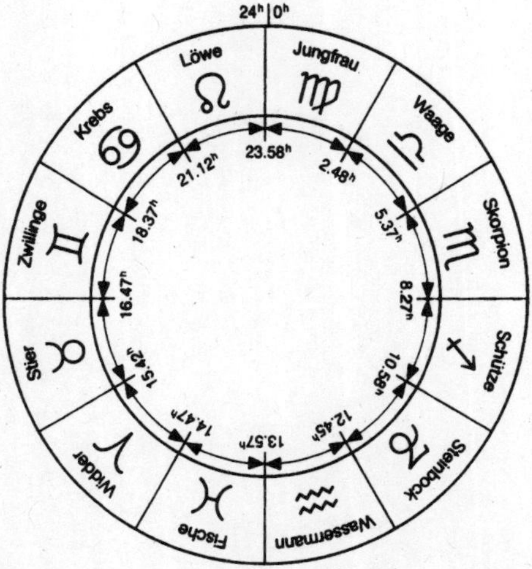

Ihr Aszendent am 9. November

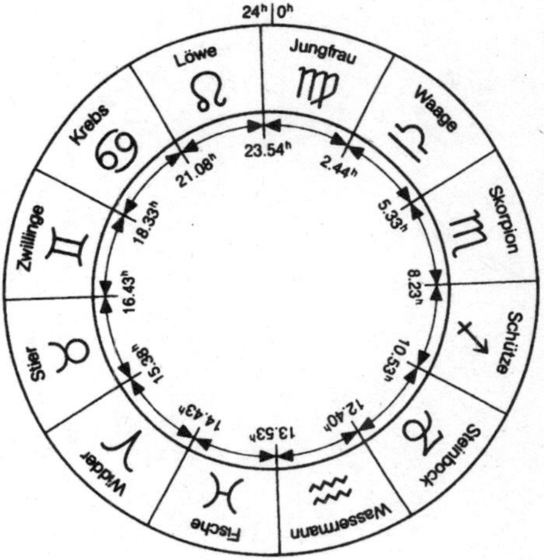

Ihr Aszendent am 10. November

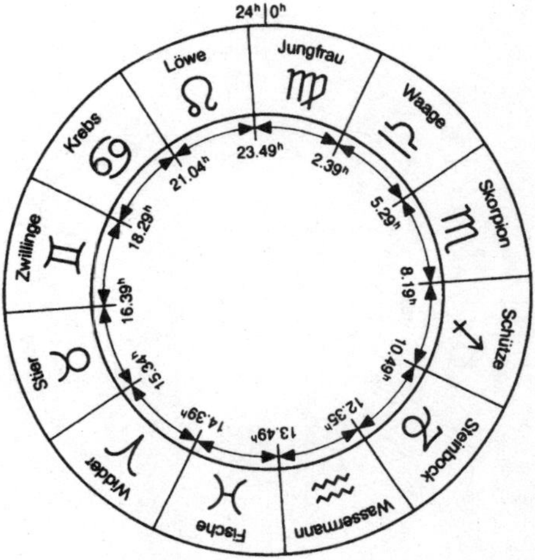

Ihr Aszendent am 11. November

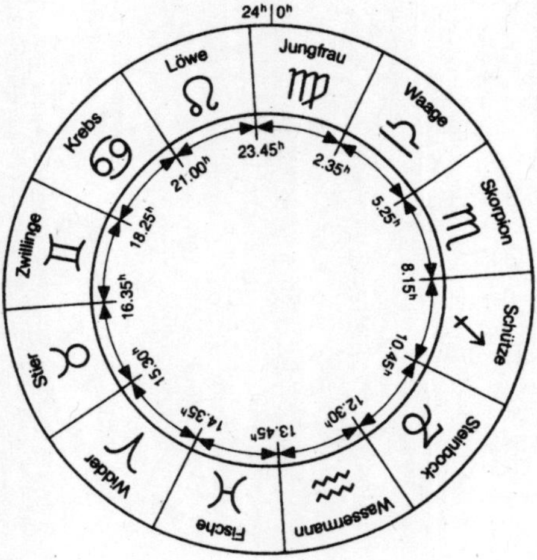

Ihr Aszendent am 12. November

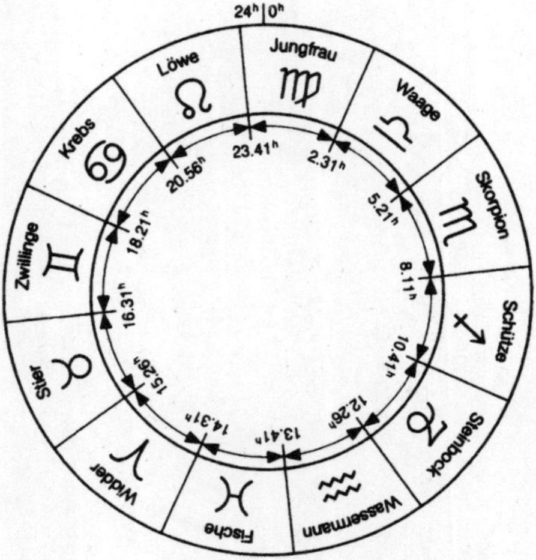

Ihr Aszendent am 13. November

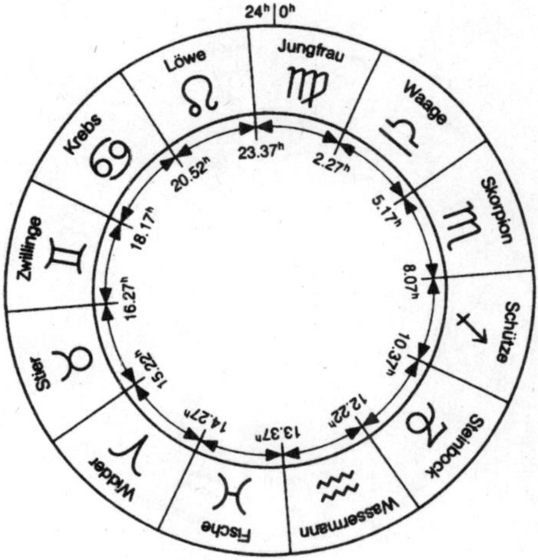

Ihr Aszendent am 14. November

Ihr Aszendent am 15. November

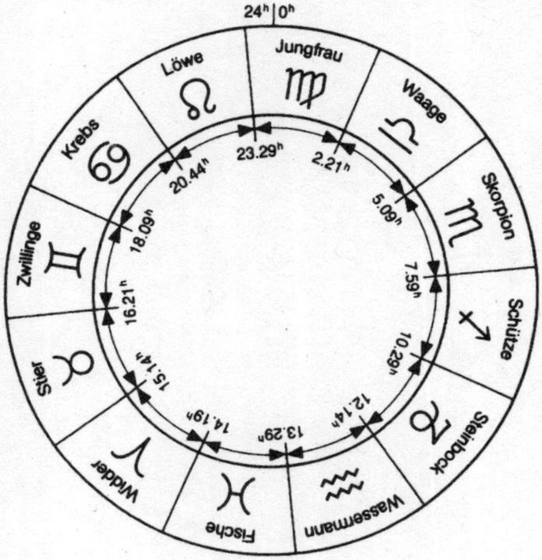

Ihr Aszendent am 16. November

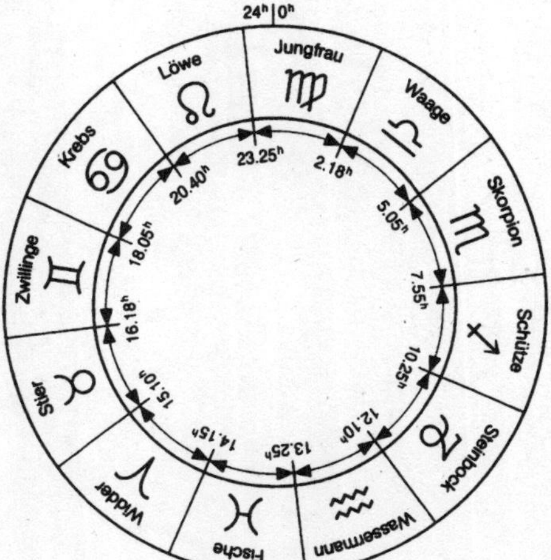

Ihr Aszendent am 17. November

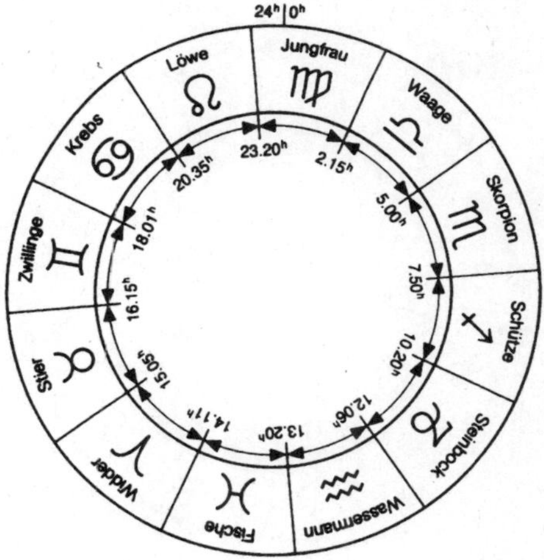

Ihr Aszendent am 18. November

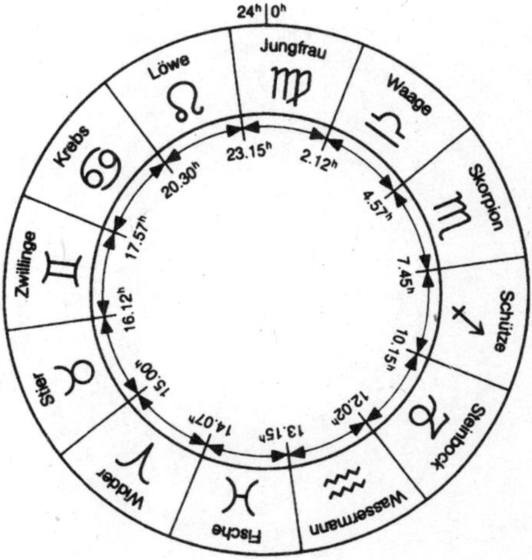

Ihr Aszendent am 19. November

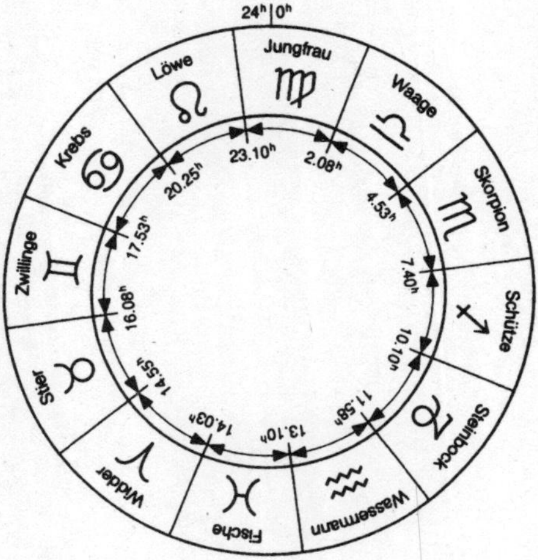

Ihr Aszendent am 20. November

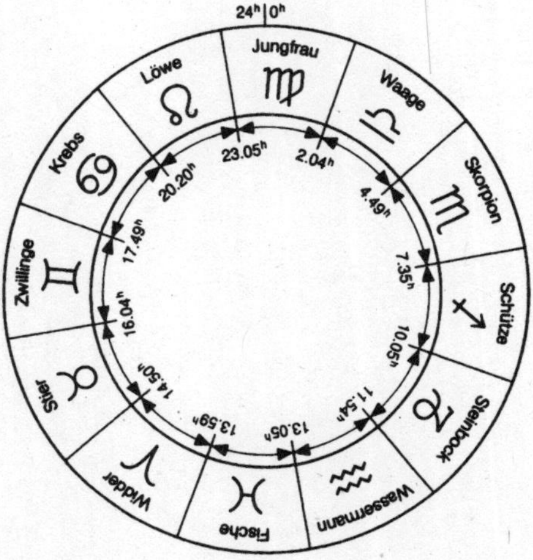

Ihr Aszendent am 21. November

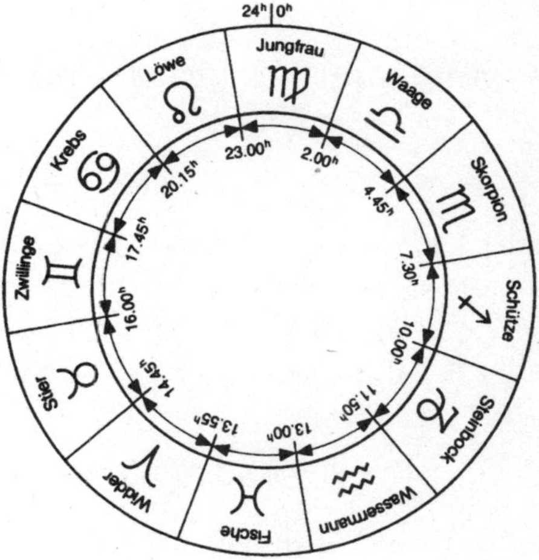

Ihr Aszendent am 22. November

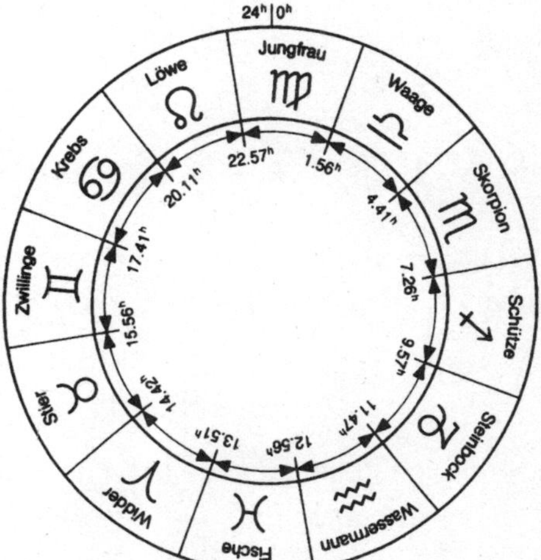

Wichtige Daten und Ereignisse

Prominente Geburtstagskinder

24. Oktober

Emmerich Kálmán, ungar. Komponist (1882–1953)
Horst Stern, dt. Journalist (1922)
Luciano Berio, ital. Komponist (1925–2003)
Gilbert Bécaud, frz. Sänger (1927–2001)

25. Oktober

Pablo Picasso, span. Maler (1881–1973)
Peter Rühmkorf, dt. Schriftsteller (1929)
Chris Norman, brit. Sänger (1950)
Nicole, dt. Sängerin (1964)

26. Oktober

Don Siegel, amerik. Regisseur (1912–1991)
François Mitterrand, frz. Präsident (1916–1996)
Ulrich Plenzdorf, dt. Schriftsteller (1934–2007)
Hillary Clinton, amerik. Politikerin (1947)

27. Oktober

Erasmus von Rotterdam, niederl. Philosoph (1469–1536)

Niccolò Paganini, ital. Geiger (1782–1840)
Theodore Roosevelt, amerik. Präsident (1858–1919)
Dylan Thomas, brit. Schriftsteller (1914–1953)
Vanessa Mae, singap. Geigerin (1978)

28. Oktober

Francis Bacon, brit. Maler (1909–1992)
Sigourney Weaver, amerik. Schauspielerin (1949)
Bill Gates, amerik. Computer-Milliardär (1955)
Eros Ramazotti, ital. Sänger (1963)
Julia Roberts, amerik. Schauspielerin (1967)

29. Oktober

Adolph Diesterweg, dt. Pädagoge (1790–1866)
Otto Flake, dt. Schriftsteller (1880–1963)
Claire Goll, dt.-frz. Schriftstellerin (1891–1977)
Eddie Constantine, frz. Schauspieler (1917–1993)
Niki de Saint Phalle, frz. Künstlerin (1930–2002)
Winona Ryder, amerik. Schauspielerin (1971)

30. Oktober

Ezra Pound, amerik. Lyriker (1885–1972)
Georg Heym, dt. Dichter (1887–1912)
Louis Malle, frz. Regisseur (1932–1995)
Diego Maradonna, argent. Fußballer (1960)

31. Oktober

John Keats, brit. Dichter (1795–1821)
Jean Améry, österr. Schriftsteller (1912–1978)
Helmut Newton, dt.-austral. Fotograf (1920–2004)
Fritz Walter, dt. Fußballspieler (1920–2002)
Charles Moore, amerik. Architekt (1925–1993)
August Everding, dt. Regisseur (1928–1999)

1. November

Warren Gamaliel Harding, amerik. Politiker (1865–1923)
Hanna Höch, dt. Künstlerin (1889–1978)
Ilse Aichinger, österr. Schriftstellerin (1921)
Günter de Bruyn, dt. Schriftsteller (1926)
Edgar Reitz, dt. Regisseur (1932)

2. November

Luchino Visconti, ital. Regisseur (1906–1976)
Burt Lancaster, amerik. Schauspieler (1913–1994)
Richard Serra, amerik. Bildhauer (1939)
Patrice Chéreau, frz. Regisseur (1944)
Hera Lind, dt. Schriftstellerin (1957)

3. November

Benvenuto Cellini, ital, Bildhauer (1500–1571)
Karl Baedeker, dt. Verleger (1801–1859)
André Malraux, frz. Schriftsteller (1901–1976)
Marika Rökk, dt. Schauspielerin (1913–2004)
Gerd Müller, dt. Fußballspieler (1945)

4. November

Klabund, dt. Schriftsteller (1890–1928)
Otto Bayer, dt. Chemiker (1902–1982)
Walter Cronkite, amerik. Journalist (1916)
Thomas Klestil, österr. Politiker (1932–2004)
Robert Mapplethorpe, amerik. Fotograf (1946–1989)

5. November

Vivien Leigh, brit. Schauspielerin (1913–1967)
Rudolf Augstein, dt. Publizist (1923–2002)
Uwe Seeler, dt. Fußballspieler (1936)
Art Garfunkel, amerik. Musiker (1941)
Tatum O'Neal, amerik. Schauspielerin (1963)

6. November

Robert Musil, österr. Schriftsteller (1880–1942)
Julius Hackethal, dt. Mediziner (1921–1997)
James Jones, amerik. Schriftsteller (1921–1977)
Sally Field, amerik. Schauspielerin (1946)
Barbara Eligmann, dt. Fernsehmoderatorin (1963)

7. November

Marie Curie, frz. Chemikerin (1867–1934)
Lise Meitner, österr.-schwed. Physikerin (1878–1968)
Leo Dawidowitsch Trotzki, russ. Revolutionär (1879–1940)

Konrad Lorenz, österr. Verhaltensforscher (1903–1989)
Albert Camus, frz. Philosoph (1913–1960)

8. November

Gottlob Frege, dt. Mathematiker (1848–1925)
Margaret Mitchell, amerik. Schriftstellerin (1900–1949)
Peter Weiss, dt. Schriftsteller (1916–1982)
Alain Delon, frz. Filmschauspieler (1935)
Gabriele Krone-Schmalz, dt. Auslandskorrespondentin (1949)

9. November

Iwan Turgenjew, russ. Schriftsteller (1818–1883)
Fritz Thyssen, dt. Industrieller (1873–1951)
Björn Engholm, dt. Politiker (1939)
Eva Herman, dt. TV-Moderatorin (1958)
Sonja Kirchberger, dt. Schauspielerin (1964)

10. November

Martin Luther, dt. Kirchenreformer (1483–1546)
Friedrich Schiller, dt. Schriftsteller (1759–1805)
Arnold Zweig, dt. Schriftsteller (1887–1968)
Andrej Tupolew, sowj. Flugzeugbauer (1888–1972)
Richard Burton, brit. Schauspieler (1925–1984)

11. November

Fjodor Dostojewski, russ. Schriftsteller (1821–1881)
Carlos Fuentes, mexik. Schriftsteller (1928)
Kurt Vonnegut, amerik. Schriftsteller (1922–2007)
Hans Magnus Enzensberger, dt. Schriftsteller (1929)
Demi Moore, amerik. Schauspielerin (1962)
Leonardo DiCaprio, amerik. Schauspieler (1974)

12. November

Auguste Rodin, frz. Bildhauer (1840–1917)
Loriot, dt. Karikaturist (1923)
Michael Ende, dt. Schriftsteller (1929–1995)
Gracia Patrcia, Fürstin von Monaco (1929–1982)
Neil Young, kanad. Popmusiker (1945)

13. November

Augustinus Aurelius, Kirchenvater (354–430)
Helene Stöcker, dt. Frauenrechtlerin (1869–1943)
Mary Wigman, dt. Tänzerin (1886–1973)
Oskar Werner, österr. Schauspieler (1922–1984)
Peter Härtling, dt. Schriftsteller (1933)
Whoopi Goldberg, amerik. Schauspielerin (1949)

14. November

Claude Monet, frz. Maler (1840–1926)
Astrid Anna Emilie Lindgren, schwed. Schriftstellerin (1907–2002)

Butros Butros Ghali, ägypt. Politiker (1922)
Charles, Prinz von Wales (1948)

15. November

Johann Kasper Lavater, schweiz. evang. Theologe (1741–1801)
Claus Graf Schenk von Staufenberg, dt. Widerstandskämpfer (1907–1944)
Wolf Biermann, dt. Lyriker (1936)
Daniel Barenboim, israel. Pianist u. Dirigent (1942)

16. November

Julius Leber, dt. Politiker (1891–1945)
Paul Hindemith, dt. Komponist (1895–1963)
Antonio Gades, span. Tänzer (1936–2004)
Lothar Späth, dt. Politiker (1937)

17. November

Curt Goetz, dt. Schauspieler (1888–1960)
Stanley Cohen, amerik. Biochemiker (1922)
Rock Hudson, amerik. Schauspieler (1925–1985)
Anton (Toni) Sailer, österr. Skirennfahrer (1935)
Martin Scorsese, amerik. Filmregisseur (1942)

18. November

Pierre Bayle, frz. Philosoph (1647–1706)
Carl Maria von Weber, dt. Komponist (1786–1826)

Klaus Mann, dt. Schriftsteller (1906–1949)
Margaret Atwood, kanad. Schriftstellerin (1939)
Kim Wilde, brit. Sängerin (1960)

19. November

Wilhelm Dilthey, dt. Philosoph (1833–1911)
Anna Seghers, dt. Schriftstellerin (1900–1983)
Indira Gandhi, ind. Politikerin (1917–1984)
Meg Ryan, amerik. Schauspielerin (1961)
Jodie Forster, amerik. Schauspielerin (1962)

20. November

Selma Lagerlöf, schwed. Schriftstellerin (1858–1940)
Karl Ritter von Frisch, österr. Zoologe (1886–1982)
Edwin Powell Hubble, amerik. Astrophysiker (1889–1953)
Nadine Gordimer, südafrik. Schriftstellerin (1923)
Robert Kennedy, amerik. Politiker (1925–1968)
René Kollo, dt. Sänger (1937)

21. November

Voltaire, frz. Philosoph (1694–1778)
Friedrich Schleiermacher, dt. Philosoph (1768–1834)
René Magritte, belg. Maler (1898–1967)
Goldie Hawn, amerik. Schauspielerin (1945)

22. November

George Eliot, engl. Schriftstellerin (1819–1880)
Charles de Gaulle, frz. Politiker (1890–1970)
Benjamin Britten, brit. Komponist (1913–1976)
Jamie Lee Curtis, amerik. Schauspielerin (1958)
Sheryl Crow, amerik. Sängerin (1963)
Boris Becker, dt. Tennisspieler (1967)

Ereignisse, die Geschichte machten

24. Oktober

1806 Napoleon besetzt mit seinen Truppen Berlin.
1857 In England gründen ehemalige Internatsschüler den FC Sheffield – den ersten Fußballklub der Welt.
1931 Der Gangsterboss Al Capone wird zu einer Gefängnisstrafe von elf Jahren verurteilt.
1970 In Chile wird der Sozialist Salvador Allende zum Staatspräsidenten gewählt.

25.Oktober

1415 Der Hundertjährige Krieg endet für König Heinrich V. erfolgreich: Er besiegt die französische Armee und besetzt den Norden Frankreichs.
1929 »Schwarzer Freitag« an der New Yorker Börse: Die Aktienkurse fallen dramatisch und treiben viele Unternehmer und Privatleute in den finanziellen Ruin.
1983 US-amerikanische Truppen besetzen die Karibikinsel Grenada. US-Präsident Ronald Reagan hatte kubanische und sowjetische Umsturzpläne befürchtet.

26. Oktober

1861 Das Telefon, erfunden und entwickelt von dem deutschen Physiker Philipp Reis, wird in Frankfurt der Öffentlichkeit präsentiert.

1927 Das Versandhaus »Quelle« wird in das Fürther Vereinsregister eingetragen.

1965 Königin Elisabeth II. verleiht den Beatles den Orden »Member of the British Empire« – Teile des Hochadels geben ihre Orden aus Protest zurück.

1994 Die Ministerpräsidenten von Israel und Jordanien Rabin und Madschali unterzeichnen Friedensvertrag.

27. Oktober

1553 Der spanische Philosoph Michel Servet wird wegen seiner Kritik am Calvinismus auf Befehl des Reformators Calvin verbrannt.

1795 Spanien erkennt vertraglich den Mississippi als südliche Grenze der USA an.

1966 Rücktritt von vier FDP-Ministern – Regierung Erhard zerbricht.

28. Oktober

1886 Enthüllung der Freiheitsstatue in New York. Sie war ein Geschenk Frankreichs an die USA.

1919 Der US-Kongress verabschiedet das Prohibitionsgesetz.

1982 Absolute Mehrheit für die spanische Sozialistische Arbeiterpartei im Parlament

29. Oktober

1787 Uraufführung der tragikomödischen Oper »Don Giovanni« von Wolfgang Amadeus Mozart in Prag

1918 Meuterei der Hochseeflotte in Wilhelmshaven: Auslöser für Novemberrevolution, Abdankung des Kaisers und Ausrufung der Republik

1956 Israelische Streitkräfte marschieren in Ägypten ein.

30. Oktober

1903 Premiere des Schauspiels »Elektra« von Hugo von Hoffmannsthal in Berlin

1905 Zar Nikolaus II. verkündet bürgerliche Grundrechte und sagt die Einrichtung der Duma zu.

1921 Uraufführung des Films »Der Scheich« macht den Hauptdarsteller Rudolph Valentino über Nacht zum Frauenidol.

1976 Zusammenstöße zwischen Polizei und rund 400 Atomkraftgegnern beim Kernkraftwerk Brokdorf.

31. Oktober

1517 Martin Luther veröffentlicht seine 95 Thesen und löst damit die Spaltung der Kirche aus.

1960 Uraufführung des absurden Theaterstückes »Die Nashörner« von Eugène Ionesco in Düsseldorf

1984 Indische Ministerpräsidentin Indira Gandhi von eigener Leibwache erschossen.

1. November

1512 Enthüllung der berühmten Deckenfresken Michelangelos in der Sixtinischen Kapelle in Rom.

1957 Das Callgirl Rosemarie Nitribitt wird tot in ihrer Wohnung aufgefunden.

1986 Großflächige Verseuchung des Oberrheins durch Brand des Chemiekonzerns Sandoz in Basel

1992 Rauchverbot in Frankreich an öffentlichen Plätzen

2. November

1642 Auf dem Breitenfeld bei Leipzig besiegt das schwedische Heer im Dreißigjährigen Krieg die deutschen Truppen.

1950 Der englische Schriftsteller George Bernard Shaw stirbt im Alter von 94 Jahren.

1982 Prozesseröffnung gegen Marianne Bachmeier, die ein Jahr zuvor den mutmaßlichen Mörder ihrer Tochter erschossen hatte.

2004 Der niederländische Filmemacher und Islamkritiker Theo van Gogh wird in Amsterdam von einem aus Marokko stammenden Islamisten erschossen.

3. November

1954 Tod des französischen Malers Henri Matisse

1957 Die Polarhündin Laika wird an Bord des sowjetischen Satelliten Sputnik 2 in eine Erdumlaufbahn geschossen.

1992 Nach 16 Jahren wird mit Bill Clinton erstmals wieder ein Mitglied der Demokratischen Partei Präsident der USA.

4. November

1922 Entdeckung der fast unversehrten Grabkammer des ägyptischen Königs Tutenchamun

1956 Einmarsch sowjetischer Militäreinheiten in Budapest, um die Demokratiebestrebungen der ungarischen Bevölkerung zu unterbinden.

1995 Der israelische Ministerpräsident Yitzhak Rabin wird im Anschluss an eine Friedenskundgebung von einem Rechtsradikalen erschossen.

5. November

1892 Eine Ausstellung des norwegischen Malers Edvard Munch in Berlin löst heftige Kritik aus.

1972 Vertreter nordamerikanischer Indianerstämme besetzen aus Protest gegen Diskriminierung das Bundesamt für indianische Angelegenheiten.

1978 Das österreichische Volk spricht sich in einer Volksabstimmung gegen Atomkraft aus.

6. November

1860 Die Wahl des Sklaverei-Gegners Abraham Lincoln zum 15. Präsidenten der USA löst die Abspaltung der Südstaaten und daraufhin den Bürgerkrieg aus.

1878 Uraufführung des Theaterstücks »Die Stützen der Gesellschaft« von Henrik Ibsen in Oslo

1971 Erste spektakuläre Aktion der Umweltorganisation Greenpeace im Pazifik

7. November

1821 In New York wird die erste Hochschule für Frauen eröffnet.

1917 Putsch der Bolschewisten: Lenin ersetzt die Republik Russland durch den sozialistischen Sowjetstaat.

1991 Der amerikanische Basketballstar Earvin »Magic« Johnson gibt seine Infektion mit dem AIDS-Virus bekannt.

2000 George W. Bush wird als Nachfolger Bill Clintons gewählt.

8. November

1895 Der Physiker Wilhelm Conrad Röntgen entdeckt elektromagnetische Strahlen, die Röntgenstrahlen.

1913 Uraufführung des Dramas »Woyzeck« von Georg Büchner in München

1939 Attentatsversuch Georg Elsers auf Hitler scheitert.
1992 Am Ende seiner ersten kompletten Formel-1-Saison landet Michael Schumacher überraschend auf dem 3. Platz.

9. November

1918 Die Deutsche Republik wird ausgerufen.
1925 Adolf Hitler gründet die SS.
1938 SA-Schlägertrupps zerstören Synagogen und jüdische Geschäfte, Mitbürger jüdischen Glaubens werden misshandelt und getötet. Diese Nacht geht als »Reichskristallnacht« in die Geschichte ein.
1960 Der Demokrat John F. Kennedy besiegt bei den Präsidentschaftswahlen den Republikaner Richard M. Nixon.
1965 Mehrstündiger Stromausfall in acht Bundesstaaten der USA und Kanadas führt zu einem Anstieg der Geburtenrate neun Monate später.
1989 Mauerfall in Ostberlin

10. November

1928 Kronprinz Hirohito wird Japans Kaiser.
1965 Bundeskanzler Ludwig Erhard fordert die deutsche Bevölkerung zur Sparsamkeit auf.
1969 Die Vorschulserie »Sesame Street« läuft an.
1974 RAF-Terroristen erschießen den Kammergerichtspräsidenten Günter von Drenkmann.

1991 Die Deutsche Jutta Müller belegt den ersten Platz beim Weltcup der Windsurferinnen.

11. November

1837 In Russland beginnt das Eisenbahn-Zeitalter mit der Linie St. Petersburg-Puschkin.
1918 Unterzeichnung der bedingungslosen Kapitulation des Deutschen Reiches
1918 Ende der 600-jährigen Herrschaft der Habsburger-Dynastie in Österreich-Ungarn.
1969 Eröffnung der ersten Anthroposophen-Klinik in Herdecke nach der Philosophie Rudolf Steiners.
2004 Palästinenserpräsident Arafat stirbt im Alter von 75 Jahren in Paris.

12. November

1908 360 Bergleute sterben bei einer Explosion auf der Zeche Radbod in Bochum-Hövel.
1933 Bei der Reichstagswahl erhält die NSDAP über 90 % der Stimmen – NSDAP als einzig angetretene Partei.
1936 Einweihung der Golden-Gate-Bridge in San Francisco

13. November

1936 Uraufführung des sozialkritischen Theaterstückes »Glaube Liebe Hoffnung« von Ödon von Horváth

1945 Charles de Gaulle wird französischer Staatschef.

1979 Bundesdeutsche Lehrer verletzen ihre Beamtenpflicht und demonstrieren gegen zu viele Pflichtstunden.

14. November

1918 Polen wird unabhängiger Staat.

1922 Gründung der British Broadcasting Company (BBC)

1940 568 Menschen kommen bei dem deutschen Luftangriff auf die englische Stadt Coventry ums Leben, das historische Stadtzentrum wird völlig zerstört.

1946 Literaturnobelpreis für Hermann Hesse

15. November

1901 Das erste elektrische Hörgerät wird in den USA zum Patent angemeldet.

1912 Verleihung des Literaturnobelpreises an den deutschen Dramatiker Gerhart Hauptmann

1917 Finnland erklärt seine Unabhängigkeit von Russland.

1959 Im gleichnamigen Ort verabschiedet die SPD ihr Godesberger Programm und öffnet sich allen Wählerschichten.

1994 Zum fünften Mal wird Helmut Kohl deutscher Bundeskanzler, allerdings mit nur einer Stimme mehr als notwendig.

16. November

1632 Schlacht von Lützen im Dreißigjährigen Krieg: Der schwedische König Gustav II. Adolf fällt.

1976 Dem Liedermacher Wolf Biermann wird die DDR-Staatsbürgerschaft entzogen.

1988 Zulfikar Ali Bhutto wird Ministerpräsidentin von Pakistan und damit erste regierende Frau eines islamischen Staates.

1995 Oskar Lafontaine wird neuer Parteivorsitzender der SPD.

17. November

1558 Elisabeth I., die Tochter Heinrichs VIII., besteigt den englischen Thron.

1978 Vier in Jugoslawien inhaftierte RAF-Terroristen dürfen in ein Land ihrer Wahl ausreisen.

1994 Deutscher Kinostart des erfolgreichsten Disney-Zeichentrickfilms aller Zeiten »König der Löwen«

1994 In Düsseldorf wird der ehemalige DDR-Spion »Topas« zu zwölf Jahren Haft verurteilt.

2001 In der unter UN-Verwaltung stehenden jugoslawischen Provinz Kosovo finden die ersten freien demokratischen Wahlen für ein Parlament der Selbstverwaltung statt.

2004 Weltweit sind mindestens 15 600 Tier- und Pflanzenarten vom Aussterben bedroht.

18. November

1626 Einweihung der Peterskirche in Rom; die bedeutendste katholische Kathedrale ist nach 120-jähriger Bauzeit fertiggestellt.

1876 Ägypten gibt Staatsbankrott bekannt und lässt seine Schulden von Großbritannien und Frankreich verwalten.

1926 Das Britische Empire mit seinen angeschlossenen Kolonien geht in den Commonwealth of Nations über: Entkolonialisierung der britischen Territorien.

1943 Der Roman »Das Glasperlenspiel« von Hermann Hesse erscheint in Zürich.

1959 Uraufführung des Historienfilms »Ben Hur« von William Wyler in den USA

1978 Im Dschungel von Guyana begehen 900 Mitglieder der Sekte »Tempel des Volkes« gemeinsamen Selbstmord.

19. November

1819 Eröffnung des »Museo del Prado« in Madrid

1969 Der brasilianische Fußballstar Pelé schießt sein 1000. Tor.

1976 Die CSU-Landesgruppe im Bundestag beschließt mit 30 zu 18 Stimmen, sich aus der Fraktionsgemeinschaft mit der CDU zu lösen.

1985 Der Generalsekretär der KPdSU Michail Gorbatschow und der amerikanische Präsident Ronald Reagan beschließen in Genf die Halbierung der Atomwaffen.

1987 Der Hamburger Senat befürwortet den Abschluss eines Pachtvertrages mit den Hausbesetzern der Hafenstraße.
1990 KSZE verfasst eine Charta für ein neues Europa und erklärt den Kalten Krieg für beendet.
1995 Boris Becker wird Tennis-Weltmeister.

20. November

1811 Gründung des Gusseisenwerkes in Essen durch Friedrich Krupp.
1945 Beginn der Nürnberger Prozesse gegen 22 Hauptkriegsverbrecher; der internationale Gerichtshof verhängt 12 Todesurteile.
1965 Infolge der Weigerung der weißen Führungsschicht, der schwarzen Bevölkerung politische Rechte einzuräumen, verhängen die Vereinten Nationen ein Erdölembargo gegen Rhodesien.
1966 Uraufführung des Musicals »Cabaret« in New York

21. November

1620 Ankunft des Auswandererschiffes »Mayflower« in Amerika
1803 Räuberhauptmann »Schinderhannes« stirbt unter der Guillotine.
1831 Aufstand von rund 40 000 Seidenwebern in Lyon
1947 Uraufführung des Kriegsheimkehrerschauspiels »Draußen vor der Tür« von Wolfgang Borchert in Hamburg

1995 Unter US-amerikanischer Vermittlung einigen sich die Präsidenten von Serbien, Kroatien und Bosnien-Herzegowina auf ein Friedensabkommen.

22. November

1497 Vasco da Gama, portugiesischer Seefahrer und Entdecker, umsegelt das Kap der Guten Hoffnung.

1956 Eröffnung der Olympischen Sommerspiele im australischen Melbourne – erstmals nehmen DDR-Sportler an den Spielen teil.

1963 Tödliches Attentat auf John F. Kennedy in Dallas; bis heute ist die Täterschaft nicht eindeutig.

1990 Rücktritt der britischen Premierministerin Margaret Thatcher

2005 Angela Merkel wird vom Bundestag zur Bundeskanzlerin gewählt.